WASD

SEA OF SUNDRIES VERLAG

Herausgeber und Redaktion *Christian Schiffer (V. i. S. d. P.)*
Art Direktion und Grafik *Markus Weißenhorn (www.weissenhorn.tumblr.com)*
Lektorat *Rainer Sigl (rainer.sigl@gmail.com)*
Bildredaktion *Christian Schiffer, Markus Weißenhorn*
Coverillustration *Daniel Wallner (www.danielwallner.de)*
Illustration Seite 118/119 *Steve Thomas (www.stevethomasart.com)*

Sea of Sundries Verlag
c/o Christian Schiffer, Meindlstraße 15, 81373 München, Telefon: 089/54 78 20 67

Vertrieb *wasdmagazin@googlemail.com*
Anzeigen *wasd-anzeigen@gmx.de*
Redaktion *Wurzelbier@googlemail.com*

Druck *Laserline, Bremen*
Gedruckt auf Munken Print White 15 (FSC-zertifiziert)

INHALT

LIEBER LESER, LIEBE LESERIN,

Endlich hältst Du mich in Händen! Für Dich habe ich einen Haufen Texte in mich reinpressen lassen und mein schönstes Layout aufgelegt. Stundenlang wurde an meinem äußeren Erscheinungsbild herumgezupft, bis endlich alles da saß, wo es hin sollte. Für Dich habe ich mich sogar von schlechten Angewohnheiten getrennt und mir die Tipp- und Kommafehler entfernen lassen.
Viele Beiträge wirst Du hoffentlich interessant und anregend finden. Und wenn wir beide richtig Glück haben, wird Dich der ein oder andere Text ärgern, und zwar so, dass Du danach erst einmal eine Runde besonders menschenverachtender Gewaltspiele konsumieren musst, um wieder Deinen Ruhepuls zu erreichen. Denn wir beide wissen: Zu einer echten Freundschaft gehört auch mal ein Fetzenstreit.
Diesmal geht es um Politik und Computerspiele. Ein sperriges Thema vielleicht für unser zweites Date, aber hey: Ich bin ja nicht irgendein Spielemagazin! Für mich muss man sich Zeit nehmen. Dann nehme ich sie mir auch für Dich.

DEINE WASD AUSGABE 2

P.S.: Was ich Dir und allen anderen, der die WASD am Herzen liegt, noch unbedingt ausrichten muss: Vielen Dank an all diejenigen, die eine Förderausgabe gekauft haben. Das war immerhin jeder Fünfte! So kann die WASD überleben, auch ohne Anzeigen oder einen großen Verlag im Rücken.

SELECT SYSTEM

HUHN, EI ODER REPUBLIKANER?

von SpielerZwei

Unterhaltungsmedien sind politisch. Nicht immer, aber oft. Egal ob Literatur, Musik, Film oder TV. Es gibt unzählige Medienmacher, die mit ihren Produkten nicht nur unterhalten wollen, sondern auch politische Statements abgeben. Mal ganz direkt mitten in die Fresse, mal subtil zwischen den Zeilen.

THE PHILADELPHIA INQUIRER, 1942

Computer- und Videospiele machen hier keine Ausnahme. Zwar verfährt immer noch ein Teil der Macher nach dem Motto „Ein Spiel ist ein Spiel ist ein Spiel!“, wonach die Begriffe „Spiel“ und „Unterhaltung“ jedwede politisch relevante Aussage per se ausschließen, aber dennoch hat ein großer Teil der Spiele durch alle Genres hindurch eine klar umrissene politische Message: Aufbau- und Strategietitel lassen den Spieler mit verschiedenen politischen Systemen experimentieren und binden gesellschaftspolitische sowie ökologische Fragen ein. Adventures und Rollenspiele trauen sich immer öfter, Themen wie beispielsweise Rassismus und Diskriminierung inhaltlich aufzuarbeiten. Ein Action-Adventure wie BEYOND GOOD AND EVIL behandelt als Subkontext die Pressefreiheit in einem totalitären Regime. Und selbst ein quietschbuntes Gute-Laune-Jump'n'Run wie DE BLOB macht sich das Aufbegehren gegen den faschistischen Überwachungsstaat und die Gleichschaltung der Masse zu Eigen.

Das vielleicht politischste Videospielgenre überhaupt sind die Kriegsspiele, und hier insbesondere der seit einigen Jahren überaus beliebte *moderne Kriegsshooter*, der sich inhaltlich real existierender Konflikte in aller Welt als Spielwiese bedient. Aber ironischerweise bekommt der Spieler genau hier

BEYOND GOOD & EVIL (UBISOFT)
DE BLOB (THQ/SYFY)

politische Statements serviert, wie sie eindimensionaler und platter nicht sein könnten: Der Klassiker ist natürlich immer noch, selbst lange nach dem Ende des Kalten Krieges, der Kampf gegen böse Kommunisten, auch wenn sie inzwischen nicht mehr aus Russland, sondern eher aus China oder Nordkorea kommen. Spätestens seit den Ereignissen des 11. Septembers 2001 lautet ein weiteres Erfolgsrezept „Kampf gegen den Terror", selbstredend nach der platten Formel „Moslem = Terrorist". 99,9 Prozent der *modernen Kriegsshooter* verbreiten schlicht US-republikanische Kriegspropaganda der dümmsten Sorte. Daran haben auch nachweislich fingierte Kriegsbegründungen einer kriminellen US-Administration und der anschließende Machtwechsel im Weißen Haus bisher nichts ändern können.

Interessanterweise steht diese rechts-konservative Einseitigkeit im kompletten Gegensatz zur amerikanischen Film- und Fernsehindustrie, die seit vielen Jahrzehnten mehrheitlich als Hort der Linksliberalen gilt. *Hollywoods Linke* ist spätestens seit den 1960ern ein feststehender Begriff. Das wirft die Frage auf, ob die Macher solcher Spiele wirklich alle reaktionäre Bush-Anhänger sind, die jede Nacht mit der Pumpgun unter der Matratze schlafen, oder ob sie nur gewissenlose politisch neutrale Dienstleister sind, die dem Publikum aus rein marktwirtschaftlichen Überlegungen heraus das geben, was es verlangt.

Spricht man die Produzenten darauf an, bekommt man als Antwort meist hanebüchene Erklärungen, wie damals, als das erste CALL OF DUTY: MODERN WARFARE nach Aussage der Macher sogar ein Antikriegsspiel sein sollte, weil man durch die teils sehr drastischen Szenen ja das hässliche Gesicht des Krieges zeige. Ebenso wenig verstand man die Aufregung um die kontroversielle Flughafenszene des Nachfolgers, weil man auch hier eigentlich alles ganz anders gemeint habe. Ja, nee, ist klar …

Die Spieler solcher Titel ziehen sich meist auf das Argument zurück, dass es doch *nur Spiele* seien und werden nicht müde zu erklären, dass es ihnen beim Spielen um ganz andere Dinge ginge als den ideologisch-politischen Inhalt der Singleplayerkampagne.

Es geht mir hier nicht darum, den Fans solcher Spiele zu unterstellen, sie seien alle faschistoide Vollhonks, denn das sind sie mehrheitlich sicher nicht. Allerdings unterstelle ich ihnen, dass sie es sich ebenso einfach machen wie der überwiegende Teil der Fachpresse, der den politischen Inhalt dieser Spiele ebenso konsequent ausblendet wie die Spielerschaft. Bestenfalls gibt es einen kleinen Meinungskasten neben der eigentlichen Rezension, aber in die Wertung fließt so etwas fast nie ein. Die Anzahl der verfügbaren Waffen und die Polygonzahl der Charaktermodelle sind weitaus wichtiger als der eigentliche Inhalt. Ein Zustand, der bei Film- und Buchbesprechungen undenkbar wäre. Was diese Haltung für die latent geforderte Akzeptanz von Videospielen als Kulturgut oder gar Kunst bedeutet, muss wohl nicht weiter ausgeführt werden …

Dass es auch anders geht, hat der Berliner Entwickler Yager dieses Jahr eindrucksvoll gezeigt: Mit SPEC OPS: THE LINE hat er bewiesen, dass sich Kriegsshooter und inhaltlicher Anspruch nicht automatisch ausschließen müssen. THE LINE inszeniert den Krieg nicht, wie im Genre üblich, als launigen Freizeitspaß für Zwischendurch, sondern zeigt ihn in all seiner düsteren Grausamkeit und konfrontiert den Spieler mit den unangenehmen moralischen Seiten seines Tuns. Es ist ein Kriegsspiel, das dem Spieler mehr als einmal die Sinnfrage stellt. Das Spiel bricht mit dem unsinnigen Dogma, dass Spiele immer Spaß machen müssen, um den Spieler zu unterhalten.

Seine Einzigartigkeit innerhalb des Genres macht SPEC OPS: THE LINE zu einem Meilenstein. Aber wie so viele Meilensteine der Videospielgeschichte verkaufte es sich bisher nicht annähernd so gut wie seine dummen *Hurra!*-Cousins. Was bei anderen Unterhaltungsmedien seit Jahrzehnten erfolgreich funktioniert, scheint bei Videospielern auf relativ wenig Gegenliebe zu stoßen und schreckt die Industrie natürlich ab, zukünftig weitere Experimente dieser Art zu finanzieren. Aber verwehren sich nicht genau diese Videospieler, denen Yagers Spiel nicht *spaßig genug* ist, seit Jahren dagegen, vom Rest der Gesellschaft als tumbe, gewaltverherrlichende Bande wahrgenommen zu werden …?

Wer ist nun schuld an der einseitigen politischen Ausrichtung der Kriegsshooter? Hersteller oder Käufer? Huhn oder Ei? Oder handelt es sich gar um eine perfide Verschwörung der Republikaner, um die Videospieler dieser Welt zu indoktrinieren?

SPIELERZWEI – DER 41-JÄHRIGE FAMILIENVATER UND SELBSTERNANNTE CHEFREDAKTEUR DES BLOGZINES *POLYNEUX* SPIELTE SCHON VIDEOSPIELE, ALS COMPUTER UND BÜGELEISEN NOCH MIT DAMPF, ABER OHNE PUNK BETRIEBEN WURDEN. WENN DAS KEIN KOMPETENZBELEG IST, DANN WISSEN WIR'S AUCH NICHT … !

THE PHILADELPHIA INQUIRER, 1942

KAISER IST COOLER

von Christian Schmidt

Nennen Sie ein Spiel, in dem ein Politiker eine Vorbildrolle einnimmt! Schwierig? Kein Wunder, denn Politik ist in Computerspielen entweder korrupt oder irrelevant – oder reaktionär.

Politik ist ein kompliziertes, verdorbenes Metier, und regelmäßig erreichen uns neue Botschaften von Verfehlungen seiner Protagonisten. In den USA lässt ein Kongressabgeordneter seinen Onkel ermorden, um mit dessen Erbe seinen Wahlkampf zu finanzieren. Dem US-Botschafter im Vatikan werden Verbindungen zu einem Kinderprostitutionsring nachgewiesen. In Dubai vertuscht die Stadtverwaltung eine humanitäre Katastrophe und bringt ausländische Rettungskräfte zum Schweigen. Das sind Skandale von erschütterndem Ausmaß, und doch fügen sie sich nahtlos ein in das Bild vom allgemeinen politischen Moralbankrott. Auch wenn diese Beispiele nicht aus den Nachrichten stammen, sondern aus den Videospielen GTA 4: THE LOST & DAMNED, HITMAN: CONTRACTS und SPEC OPS: THE LINE. In keinem anderen Medium kommen Politiker so schlecht weg wie in Videospielen. Wenn sie auftauchen, selten genug, dann als Versager, Verhinderer

„ALS ICH IM WEISSEN HAUS MIT DER ARBEIT BEGANN, ÜBERRASCHTE MICH AM ALLERMEISTEN, DASS DIE DINGE TATSÄCHLICH SO IM ARGEN LAGEN, WIE ICH IMMER BEHAUPTET HATTE."

KENNEDY

oder Bösewichte. Dem gegenüber steht kein Korrektiv: Der Typus des *guten Politikers* hat in Spielen keine Tradition. Was bedeutet es, wenn ein globales Unterhaltungsmedium einen der Grundpfeiler unseres Zusammenlebens ausnahmslos von seiner schlechten Seite zeigt?

Natürlich liegt es am Sujet, wenn Spiele den intriganten Stadtrat oder machtgierigen Senator als Antagonisten auffahren – es sind Genre-Archetypen vor allem in Dystopien, Gangster- und Verschwörungsgeschichten wie GTA, MAFIA oder DEUS EX, in denen das Bröckeln gesellschaftlicher Strukturen zum Thema gehört. Das halten Filme und Bücher nicht anders. Die wesentlichere Frage ist, wie (und ob) Spiele diesen einseitigen Blick auf ein Berufsbild ausbalancieren. Für jeden korrupten digitalen Polizeichef lassen sich genügend Beispiele von Spielen finden, in denen gute Cops auftreten, selbstverständlich kommt auf jeden größenwahnsinnigen General mindestens ein integrer Anführer, und selbst skrupellosen Konzernlenkern steht mit den TYCOON-Spielen ein ganzes Genre gegenüber, das wirtschaftliche Entscheidungskraft glorifiziert. Wo also sind die guten Politiker?

Es ist eine schwierige Suche, man kann sich über ihr den Kopf zerbrechen. Wenn Spiele Mentoren und integre Führungspersönlichkeiten auffahren, dann stammen sie in der Regel aus dem Militär, der Polizei oder Geheimdiensten, gern sind es auch Rebellen oder Lone Ranger, die sich explizit außerhalb gesellschaftlicher Strukturen stellen. Der politische Aufklärer dagegen, der besorgte Minister als treibende Kraft? Eher nicht. Selbst im jeden Tiefgangs unverdächtigen Facebook-Spielchen SIMCITY SOCIAL kommt in einer der späteren Quests unter viel Jubel der Gouverneur zu Besuch und versucht prompt, die Herrschaft über die Stadt an sich zu reißen.

Man kann das für eine Banalität halten; wir sprechen immerhin von einem Unterhaltungsgut, das naturgemäß einen dramatisierten Blick auf die Realität hat, keinen Anspruch auf Authentizität. Dabei ist eine so eklatante Einseitigkeit für ein Medium, das energisch auf seine gesellschaftliche Relevanz pocht, ein unangenehmer Makel. Viel mehr fällt aber ins Gewicht, dass Spiele mit ihren Rollenbildern immer auch Interpretationen der Wirklichkeit anbieten. Ganz unabhängig davon, ob das Spiel an sich eine politische Agenda hat oder nicht, schwingt allein in der krass negativen Darstellung von Politikern ein Weltbild mit, und zwar ein dezidiert antipolitisches.

Videospiele sind das Medium einer politikverdrossenen Generation, und sie bedienen deren Vorurteile bedenkenlos. In der Welt von Computerspielen sind Parlamente immer zerstritten und machtlos, werden Entscheidungen von oben gefällt, nie von unten. Präsidenten, sofern sie eine Rolle spielen, sind Alleinentscheider, die sich keiner Parteiräson unterwerfen, schon gar keinem Parlament: „Wir marschieren da jetzt ein!", und also wird einmarschiert. Das sind implizit diktatorische Strukturen, und ja, natürlich wäre es absurd zu folgern, dass sich jeder Spieler gleich den Kaiser zurückwünscht. Spiele sind Eskapismus, die Sehnsucht nach reduzierter Komplexität, aber man sollte sich vor Augen halten, auf was da reduziert wird: auf strikte Hierarchien und „Da geht's lang!"-Bosse, auf monarchische Führer-Herrscher, wie sie vor allem von Fantasy-Spielen mit durchaus wohlwollendem Blick dargestellt werden – so schwierig die Suche nach dem guten Politiker ist, so einfach fällt die nach dem guten König. Politik in Spielen ist Basta-Politik.

Ihr Wert definiert sich über ihre Abwesenheit. Kaum ein Kriegsshooter macht sich die Mühe, seinen Einsatz anders als durch „Die haben zuerst geschossen!" zu legitimieren. In der SIEDLER-Serie baut man ein Gemeinwesen auf, in dem kein Rathaus oder Verwaltungsgebäude existiert, selbstverständlich aber Militärlager. Genauso ANNO 1404, das zusätzlich Kirchen bis hoch zur Kathedrale voraussetzt, immerhin haben die Bürger ein Bedürfnis nach Glauben. In SIMCITY oder CITYVILLE ist man nominell Bürgermeister, tatsächlich aber ausschließlich Bauherr. Weil Spiele ihren Spielern die Möglichkeit bieten müssen, Konflikte mit politischen Institutionen zu lösen, wird in ihnen Korruption zur Selbstverständlichkeit, etwa im Klassiker TRANSPORT TYCOON, wo man widerspenstige Stadträte so lange besticht, bis sie dem Abriss von Häusern für die neue Bahnstrecke zustimmen.

Man kann all das als Kompromiss im Sinn des Spielflusses begreifen, als notwendige Auslassung von unwichtigen Details – zum Dasein als Digitalsoldat gehört es ja auch nicht, seine Waffe zu reinigen oder Einsatzberichte zu verfassen, und politische Prozesse sind nun mal langsam, kompliziert und kaum kontrollierbar. Das ist schon richtig. Aber das erklärt nicht den Unwillen, sich überhaupt mit ihnen auseinanderzusetzen, geschweige denn positiv. Woanders geht's doch auch: Manche Spiele entwickeln eine nachgerade besessene Akribie bei der Nachbildung militärischer Rangstrukturen und Befehlsabläufe, moderne Werke beweisen immer größere Raffinesse bei der Schilderung komplexer zwischenmenschlicher Themen oder großer Konflikte. In DEUS EX: HUMAN REVOLUTION kann man im Firmensitz von Sarif Industries jedes Büro betreten, mit Mitarbeitern sprechen und ihre E-Mails

„NICHT NUR MIT DER MACHT KANN MAN DINGE VERÄNDERN, SONDERN AUCH MIT DEM WORT, DER EIGENEN HALTUNG UND EINSTELLUNG.“

HAMM-BRÜCHER

lesen, und bekommt so ein ziemlich klares Bild von der Struktur des Unternehmens, den Aufgaben seiner Angestellten und ihrer Weltanschauung. Warum sollte das nicht auch in einem Regierungssitz möglich sein?

Das Leitmotiv des Computerspiels ist die Freiheit des Individuums, die Macht des eigenverantwortlichen Handelns. Seine Ikone ist der unabhängige Held, der seine Verpflichtungen selbst bestimmt (während er gleichzeitig völlig fremdgesteuert ist, wie BIOSHOCK so prägnant aufgezeigt hat). Dieses Idealbild ist schwer zu vereinbaren mit gesellschaftlichen Zwängen, vor allem politischen, die ja immer Unterordnung unter eine Mehrheitsmeinung erfordern, und damit die Aufgabe von Entscheidungsfreiheit. Spiele lösen diesen Konflikt, indem sie Politik marginalisieren. Sie ist entweder korrupt oder irrelevant. Videospiele tragen damit bei zu den gesellschaftlichen Fliehkräften, die Einzelinteresse über Gemeininteresse stellen. Es ist vielleicht zu viel behauptet, dass sie damit Gleichgültigkeit und Vorurteile gegenüber demokratischen Prinzipien fördern würden, aber sie stellen dem zumindest auch nichts entgegen – wirklich nichts, im Gegensatz zum Beispiel zu Filmen, in denen es selbstverständlich auch differenzierte Auseinandersetzungen mit politischen Karrieren gibt, das Doku-Drama „Frost/Nixon“ zum Beispiel, „Milk“ oder „Mit aller Macht“.

Ich bin sicher, dass sich die meisten Spieler als liberal bezeichnen würden, vermutlich zu Recht. Aber ihre Spiele sind es nicht; sie sind im Gegenteil oft erschreckend reaktionär, in ihrem vieldiskutierten sexistischen Frauenbild zum Beispiel, in ihrer Prüderie und Homophobie. Und eben in ihrer antipolitischen Grundhaltung, die unterschwelliger ist und damit tückischer.

Ich mache mir wenig Sorgen um die Reflexionsfähigkeit der Generation Internet, die es gewohnt ist, aus vielen Quellen und Informationsstücken ihre Schlüsse über die Welt zu ziehen, und für die Computerspiele nur eine Unterhaltungsquelle von vielen sind. Aber ich gräme mich einmal mehr über die ideelle Armut unseres Mediums, das so gerne künstlerische Relevanz besäße und doch so wenig zu sagen hat. Und allzu oft, wie hier, das Falsche.

CHRISTIAN SCHMIDT WAR STELLVERTRETENDER CHEFREDAKTEUR DES SPIELEMAGAZINS GAMESTAR UND ARBEITET ALS ANALYST BEI EINER GROSSEN DEUTSCHEN SPIELEFIRMA. GEMEINSAM MIT GUNNAR LOTT BETREIBT ER DEN RETROSPIELE-PODCAST STAY FOREVER.

WIR HABEN UNSEREN MACHIAVELLI GELESEN

von Thomas Ruscher

Natürlich macht es Spaß, im Spiel seine Truppen in die Schlacht zu führen, das Weltall zu kolonisieren oder im schnellen Auto die Stadt unsicher zu machen. Aber Games bringen auch das Schlechteste in uns zum Vorschein: nämlich den Typus des zynischen und nach Macht gierenden Politikers.

Firentis hat mir die Augen geöffnet. Firentis ist mein treuester Vasall in dem Strategie-Rollenspiel-Mix MOUNT & BLADE: WARBAND. Mein zuverlässiger Ritter. Doch genau diese unerschütterliche Loyalität danke ich ihm als sein Lehnsherr schlecht. Seine Loyalität ist es, die ihn zum Prügelknaben des Reiches abstempelt: Mit Firentis kann man alles machen. Sobald ich ein neues Lehen zu vergeben habe, fangen meine Gefolgsleute an zu knurren wie die Hunde. Niemand gönnt dem anderen den kleinsten Triumph. Sobald ich einen neuen Burgherren einsetze, wachse ich in seiner Gunst – und mein restlicher Fürstenhof zürnt mir und stellt meine Position infrage. Nur der wackere Firentis nicht. Der ist zufrieden mit dem, was er hat. Weil ich es kann, behandele ich meinen besten Mann wie eine genügsame Zimmerpflanze, die ich zu gießen immer wieder aufschiebe.

PARADOX: ANTONIO ABRIGNANI / SHUTTERSTOCK.COM

Aber so sind wir Gamer. Das wird mir schlagartig klar, als ich in die ergebenen Augen meines virtuellen Firentis schaue: Wir sind zynische Gewalten, kalkulierende Technokraten – und das gegen unsere feste Überzeugung, eigentlich anständige und moralische Subjekte zu sein. Doch wenn wir uns in den Grenzen der digitalen Welten bewegen, verhalten wir uns, als hätte Niccolò Machiavelli sein Standardwerk aus dem 15. Jahrhundert über uns persönlich geschrieben. Denn was in dem kleinen Büchlein „Il Principe" steht, in seiner Anleitung für Fürsten und andere skrupellose Machtpolitiker, das beherzigen wir in fast jedem Spiel instinktiv. Ja, die skrupellosen Machtpolitiker, das sind wir.

FIRENTIS AUS
MOUNT & BLADE: WARBAND
(PARADOX)

Die Gier nach Erfolg, Expansion und Macht treibt uns an. Jeder Spieler von Total War, Crusader Kings und anderen Global-Strategie-Titeln ist vertraut mit der absolutistischen Herrschaft. Die ist uns wichtig, die nehmen wir sehr viel wichtiger als das Wohl des eigenen Volkes. Zu spüren bekommen wir selbst davon gewiss kaum etwas, wir sitzen auf unserem hohen Thron mit Maus und Tastatur unter den Fingern und haben die Geschicke einer Welt zu lenken – da ist der erkaufte Bonus „Mobilität +2" wichtiger als ein paar hungrige Mäuler im Hinterland. Um die gilt es sich zu kümmern, wenn sie unbequem werden. Dann gibt's entweder etwas fürs Maul oder aufs Maul. Dabei gilt in der Regel: Ein unterdrücktes Volk ist ein zufriedenes Volk, wenn der Einsatz der unterdrückenden Exekutive stimmt.

Die wahnsinnige Superintelligenz GlaDOS hat also nicht Unrecht, wenn sie uns, ihre Laborratten mit Portal-Kanone, als Monster bezeichnet. Sie spricht es nicht aus, aber es scheint mir recht wahrscheinlich, dass sie der Überzeugung ist: Menschen muss man entweder verwöhnen oder vernichten. Eben das formuliert Machiavelli auf den ersten Seiten seines „Fürsten": „Denn für leichte Demütigungen nehmen sie Rache, für schwere können sie dies nicht tun; also muss der Schaden, den man anderen zufügt, so groß sein, dass man keine Rache zu fürchten braucht."

PARADOX

Was so menschenverachtend wie gnadenlos klingt, ist für den Florentiner die Konklusion aus vielen Jahrhunderten beobachteter Geschichte.

Während Machiavelli seit fast 500 Jahren für alles Schäbige in der Politik steht und sein Vorname in England Synonym für den Teufel ist – Old Nick –, wollen wir eigentlich nur unseren Spaß mit Bits und Bytes haben. Dabei nutzen wir das System so weit wie möglich zu unseren Gunsten aus, so wie es Entwickler und Spielmechanik für uns vorgesehen haben. Und was für einen Fürsten des Renaissance-Italiens der Machterhalt war, bedeutet uns Spielern die eigene virtuelle Allmacht – ein Grund, warum wir überhaupt spielen. Egal, ob nun als Staatenlenker, Fußballprofi, Spezialagent oder Ponyhof-Betreiber.

In einem zivilen oder unpolitischen Gamesetting ist es zweifelsfrei schwieriger, sich an einer politischen Philosophie aus dem 15. Jahrhundert zu orientieren, doch auch hier sind die Ambitionen deutlich. Wenn es uns zum Vorteil gereicht, handeln wir: Wir erbeuten ADAM aus den Little Sisters. Wir blasen Megaton in die Luft, weil es sich lohnt. Wir gehen so weit und rupfen in PLANTS VS. ZOMBIES unsere bewährten Pflanzen aus, wenn wir sie zur Untoten-Abwehr mit einer leistungsstärkeren ersetzen können. Alles im Sinne der Optimierung. Im Pen&Paper-Rollenspiel würde man uns als Powergamer beschimpfen – und Machiavelli wäre stolz auf uns.

Zurück ins Mittelalter, in mein Königreich in der Welt von MOUNT & BLADE: WARBAND. Meine Pflicht als Herrscher ist es nicht nur zu den Waffen, sondern auch zum Bankett zu rufen. Nicht alle meine Vasallen folgen meinem Ruf. Manche sind im Feld, einige gefangen in Feindeshand, andere haben schlichtweg Besseres zu tun. Doch auf Firentis kann ich mich verlassen: Wenn es was zu feiern gibt, ist er an erster Stelle. Nie besonders ausgelassen, aber stets zuverlässig. Dafür bin ich ihm dankbar – und manchmal beschleicht mich dann doch das schlechte Gewissen, ihm seine Freundschaft so schlecht zu vergelten.

THOMAS RUSCHER IST JOURNALIST IN KÖLN UND ARBEITET VOR ALLEM FÜR DRADIO WISSEN. ER HAT IN LEIPZIG JOURNALISTIK UND POLITIK STUDIERT UND WEISS, DASS ES ETWAS UNFAIR IST, NICCOLÓ MACHIAVELLI AUF EINZELNE ASPEKTE SEINES WERKES „IL PRINCIPE - DER FÜRST" ZU REDUZIEREN.

SEXSPIELZEUG

von Helga Hansen

FOTOS VON **RION SABEAN**

Zu rettendes Opfer, sexy Begleiterin oder martialischer Männertraum – für Frauen sind die Rollen in Games sehr begrenzt. Doch damit fängt der Sexismus in der Computerspielebranche erst an.

Neulich sollte ich für eine Zeitschrift meinen bewegendsten Computerspielmoment beschreiben. Ein Ereignis, das mir im Gedächtnis geblieben war und möglichst einzigartig. Ich überlegte hin und her. Wie ich meiner Schwester die Diablo II-Battle Chest zu Weihnachten schenkte, obwohl die erst ab 16 freigegeben war? Lustige Ereignisse bei LAN-Partys, mit virtuellen Laufwerken, Hubs oder BNC-Kabeln? Schließlich besann ich mich eines wirklich einzigartigen Erlebnisses: No One Lives Forever und Cate Archer. Endlich eine Heldin in einem Computerspiel und dann noch fast komplett bekleidet! Ja, 2000 war eine Protagonistin in einem Computerspiel herausragend – mein bewegendster Computerspielmoment.

Auch 2012 sind die Stars der meisten Spiele immer noch weiß, heterosexuell und männlich. Genau so, wie sich die meisten Spielehersteller bis heute ihre Käufer vorstellen. Dass schon immer auch Frauen zu Controller und Maus griffen – geschenkt. Dass der Anteil der Gamerinnen seit Jahren steigt, scheint sich ebenfalls noch nicht in den Chefetagen rumgesprochen zu haben. Die einzige Rolle für Frauen scheint weiterhin das Booth Babe zu sein. Hübsch, schlank und scheinbar *stets zu haben*.

Das alleine wäre schon Grund zur Trauer, aber 2012 kam es noch härter: Wer es wagt, diesen Zustand anzuprangern oder überhaupt nur einmal untersuchen zu wollen, wird angefeindet. Letzteres war das Ziel von Anita Sarkeesian. Bekannt geworden ist sie mit ihrem Videopodcast Feminist Frequency, in dem sie Werbung, TV-Serien und Kinofilme feministisch analysiert. Um eine aufwendigere Recherche zu Frauenbildern in Computerspielen

finanzieren zu können, startete sie ein Kickstarter-Projekt. 6 000 Dollar wollte Sarkeesian sammeln, um fünf Videos zu Stereotypen produzieren zu können, und erreichte das Ziel tatsächlich innerhalb von 24 Stunden. Auch die neun schnell hinzugefügten Bonusziele konnte sie kurz darauf abhaken.

Damit aber begann ein wahrer Shitstorm. In diversen Foren organisierte sich Widerstand. Dass sich eine Frau erdreistete, die langweilige, eindimensionale und klischeebehaftete Darstellung von Frauen in Computerspielen analysieren zu wollen, war zu viel. Die YouTube-Kommentare, über die Sarkeesian sich auf Twitter schon lange auslässt, wurden noch einmal richtig mit Hasskommentaren überschwemmt, ihr YouTube-Kanal als „Terrorismus" gemeldet. Außerdem wurde ihre Wikipedia-Seite verunstaltet, wodurch auch die Google-Suchergebnisse eklig wurden. Die Ergebnisse von beidem reichte man als *Trophäen* zurück durch die Foren. Der letzte widerliche Höhepunkt war ein Online-Spiel, das dazu aufrief, sie zu verprügeln. In seinen Tweets erklärte der Programmierer, durch die Aufforderung zu physischer Gewalt hätte er ihre Aufmerksamkeit bekommen und „einen Dialog beginnen" wollen.

Die gute Nachricht: Trotz und teilweise gerade erst durch den Widerstand wurde Sarkeesian noch einmal deutlich mehr Geld gespendet. Nach einem Monat waren fast 160 000 Dollar von rund 7 000 Unterstützer_innen zusammengekommen. Auch das Medieninteresse war überwältigend. Feministische und Spiele-Blogs berichteten, außerdem der englische GUARDIAN, die NEW YORK TIMES und WIRED. Selbst in die deutsche FAZ schaffte es ihre Geschichte – allerdings mit dem erstaunten Hinweis, Sarkeesian sei gar keine bittere Radikalfeministin. Dort scheint es vielleicht ein Memo zu geben, dass es okay ist, bittere Radikalfeministinnen zu bedrohen.

Neu sind die Ideen von Sarkeesian dabei gar nicht. 2009 schaute die GAMESTAR in eine Gamesdatenbank und stellte fest: Von 48.000 Einträgen waren nur 704 in der Kategorie „Weibliche Hauptfigur". Und diese würden deutlich häufiger aus der Verfolgerperspektive gezeigt statt in der Ego-Ansicht. Ansonsten gäbe es nur Begleiterinnen, Opfer in der Not, ab und an aufreizende Gegenspielerinnen und Accessoires. Zahlen der Spielemacher_innen von 2005 hatte das Blog RACIALICIOUS recherchiert. Zu 83 Prozent waren sie weiß und zu 89 Prozent männlich und alles, was von ihrem Bild abweicht, nur selten in Games zu sehen.

Seit diesem Jahr nun ist die Debatte um strukturellen Sexismus und Rassismus so richtig entbrannt. Einige fragwürdige Verlautbarungen von den

Gamesherstellern tun dazu ihr Übriges. Im Reboot von TOMB RAIDER muss Lara Croft eine versuchte Massenvergewaltigung abwehren – laut Produzent Ron Rosenberg eine Maßnahme zur Charakterbildung. Der TOMB RAIDER-Trailer folgt einem beliebten Muster, wie man es etwa aus TV-Serien kennt: Die Frau wird fast vergewaltigt, was sie aber erst recht stark werden lässt. In der Realität sind derartige gewaltvolle Einschnitte aber alles andere als ein magischer Wendepunkt eines Lebens.

2011 hatte der Art Director von DEUS EX: HUMAN REVOLUTION, Jonathan Jacques-Bellêtete, bereits ehrlicherweise angemerkt, dass er „immer versuche, sehr hübsche weibliche Charaktere zu haben". Genauer gesagt, Charaktere, mit denen er schlafen wollen würde. Überzeugende weibliche Charaktere zu programmieren, sei viel zu aufwendig, redete sich Gordon Van Dyke von der Firma DICE heraus, als BATTLEFIELD: BAD COMPANY 2 völlig frauenlos erschien. Die gleiche Firma, die zuvor in MIRROR'S EDGE mit Faith eine immer noch hübsche, aber nicht stereotyp überzeichnete weibliche Hauptfigur ins Rennen geschickt hatte und damit schon einmal eine Debatte losgetreten hatte.

Doch wollen am Ende alle nur laufende Sexpielzeuge spielen? Nein, meint die Spieledesignerin Shaylyn Hamm. In ihrer Masterarbeit entwarf sie realistische weibliche Modelle, angelehnt an Figuren aus TEAM FORTRESS 2, die im Spiel getestet werden konnten. In einer Internet-Umfrage fand die Mehrheit der Teilnehmenden die Charaktere passend und gab an, gerne häufiger realistischere Frauenfiguren spielen zu wollen.

Viel zu tun bleibt auch im Meatspace. Die Autorin Katie Williams vom Spiele-Blog KOTAKU berichtete von unangenehmen Vorfällen auf der Spielemesse E3. Wieder und wieder wurde ihr dort angeboten, ihr Spiele vorzuspielen, statt sie selbst an die Demos zu lassen. Oder sie wurde einfach gleich an die Facebook-Casual-Games verwiesen, die vor allem von Frauen über 40 gespielt werden und auf die die *echten Gamer* herabschauen. Was Frauen auch machen, die Nischen, die sie sich erobern, sind einfach weniger wert – alte, sexistische Bewertungsmuster wiederholen sich also auch in Spielen.

Doch ab und an gibt es auch bessere Nachrichten. Das Gamer-Blog DESTRUCTOID feuerte im Sommer einen Schreiber, nachdem er Felicia Day als „verklärtes, unnützes Booth Babe" beschimpft hatte. Wer Day noch nicht kennen sollte: Mit THE GUILD hat sie eine der erfolgreichsten Web-TV-Serien geschaffen. Die Serie verfolgt das Leben und Leiden einer Gilde in einem unbenannten MMORPG und ist inzwischen mehrfach ausgezeichnet. Passenderweise erfand Day THE GUILD auch, um dem Bild des stereotypen Gamers im Keller seiner Eltern etwas entgegenzusetzen. So gehören auch eine Modestudentin und eine verheiratete Mutter dreier Kinder zu den Gildenmitgliedern.

Immerhin wirft der Vorfall auch ein Schlaglicht auf die Verachtung, die Booth Babes immer noch entgegengebracht wird. Eingestellt, um die vermeintlich untervögelten Nerds anzulocken, wird ihre Jobbezeichnung wiederum zum Schimpfwort. Zur Gamescom gab die Firma Reality Twist eine Pressemitteilung heraus und sagte ihre Beteiligung ab, da man den Booth Babes kritisch gegenüberstünde. War aber alles nur ein Spaß, ein echter Schenkelklopfer.

Spielerinnen bringt dies in eine schwierige Lage. Um ernst genommen zu werden, müssen sie sich gegenüber den Frauen abgrenzen, die ein vermeintlich schlechtes Licht auf sie werfen – wie z.B. Booth Babes oder *unernste* oder *unechte* Spielerinnen. Doch sich an diese Maßstäbe zu halten, ist wie der Versuch, einen Pudding an die Wand zu nageln: unmöglich. Im Zweifelsfall wird der Rahmen so verschoben, dass einfach keine Frau hineinpasst. Ein Mechanismus, der schließlich andere Frauen davon abhält, selbst einmal zum Controller zu greifen oder sich gar als Computerspielerin zu outen. Und auch wenn es nicht jede Frau abschreckt, sind weibliche Identifikationsfiguren selten und viele der Charaktere so stereotyp und sexy gehalten, dass frau sich nicht mit ihnen identifizieren möchte.

Statt beim Daddeln abschalten zu können, muss frau in diesem Hobby ständig ihre Identität verhandeln – dabei würden gerade Computerspiele hier unendliche Möglichkeiten bieten, neue Identitäten auszuprobieren, Körper über 08/15-Vorstellungen hinweg auszutesten und neue Geschichten zu erzählen. Hoffen wir, dass die Debatten Früchte tragen und 2013 besser wird.

HELGA HANSEN BLOGGT ÜBER FEMINISMUS UND SCIENCE-FICTION-SERIEN UND HAT MANCHMAL NOCH ZEIT, COMPUTERSPIELE ZU SPIELEN.

1378 KM

SELECT SYSTEM

DIE GRENZEN DES SPIELS

von Stefan Köhler

Offene Spielwelten – ist das nicht ein Widerspruch in sich? Schon klar, man muss jetzt nicht gleich den „Zauberkreis" des niederländischen Spieleforschers Johan Huizinga beschwören, in dem Spiele frei von äußeren, alltäglichen Einflüssen sind. Aber geht es in Games anstelle von Offenheit nicht primär um ein Erfahren von und Abarbeiten an Grenzen? Zunächst an unseren eigenen Grenzen der Reaktionsschnelligkeit, der geistigen Beweglichkeit und der körperlichen Belastbarkeit? Und später mit den oft „unsichtbaren Wänden" der Spielsysteme?

Doch wenn wir von innen nicht mehr weiterkommen, müssen wir die virtuelle Flinte nicht gleich ins Korn werfen: Haben die Entwickler nicht bereits zu Testzwecken Befehle im Spiel versteckt, mit denen weit entfernte Ziele greifbar werden und sich Hindernisse in Luft auflösen, so kann ein Eingriff in den unausgeführten Game-Code Wunder bewirken, und sei es nur eine kleine Operation, wie an einer bestimmten Stelle eine 0 mit einer 1 zu ersetzen, die dann beispielsweise den mickrigen Magielevel unserer Spielfigur in astronomische Höhen schnellen lässt.

Aber wie werden solche Modifikationen politisch? Eine Voraussetzung scheint zu sein, dass sie nicht nur individuell an der eigenen Spielkopie vorgenommen, sondern in Form eines Datenpaketes, kurz: einer Mod, auch anderen Spielern zur Verfügung gestellt werden. Games werden auf diese Weise zu Plattformen, über die Botschaften verbreitet werden können. Neben Änderungen an den Regeln und (Zahlen-)Werten eines Spiels werden dafür auch Informationen in Form von Grafiken, Texten, Musik und Sounds ausgetauscht. Politische Mods können so eine im Originalspiel angelegte Ideologie verstärken, abschwächen, ausmerzen, ins Gegenteil verkehren – oder gleich eine neue ins Spiel bringen. Sie überschreiten die Grenzen von Games also nur, um wieder eigene Richtlinien ziehen zu können, die den Spieler im Sinne ihrer jeweiligen Agenda leiten.

1378 KM: GRENZ-WERTIG

Passenderweise beschäftigte sich gerade die Mod, die in den letzten Jahren am meisten Wirbel in den deutschen Massenmedien verursachte, ebenfalls mit einer Grenze. Allerdings nicht mit der des guten Geschmacks, auch wenn die BILD-Zeitung das Projekt „widerlich“ nannte, sondern mit den 1378 KM (so der Titel der Mod) Todesstreifen zwischen der DDR und der Bundesrepublik. Spieler konnten in dieser Modifikation für den Egoshooter HALF-LIFE 2: DEATHMATCH entweder versuchen, in den Westen zu fliehen, oder im anderen

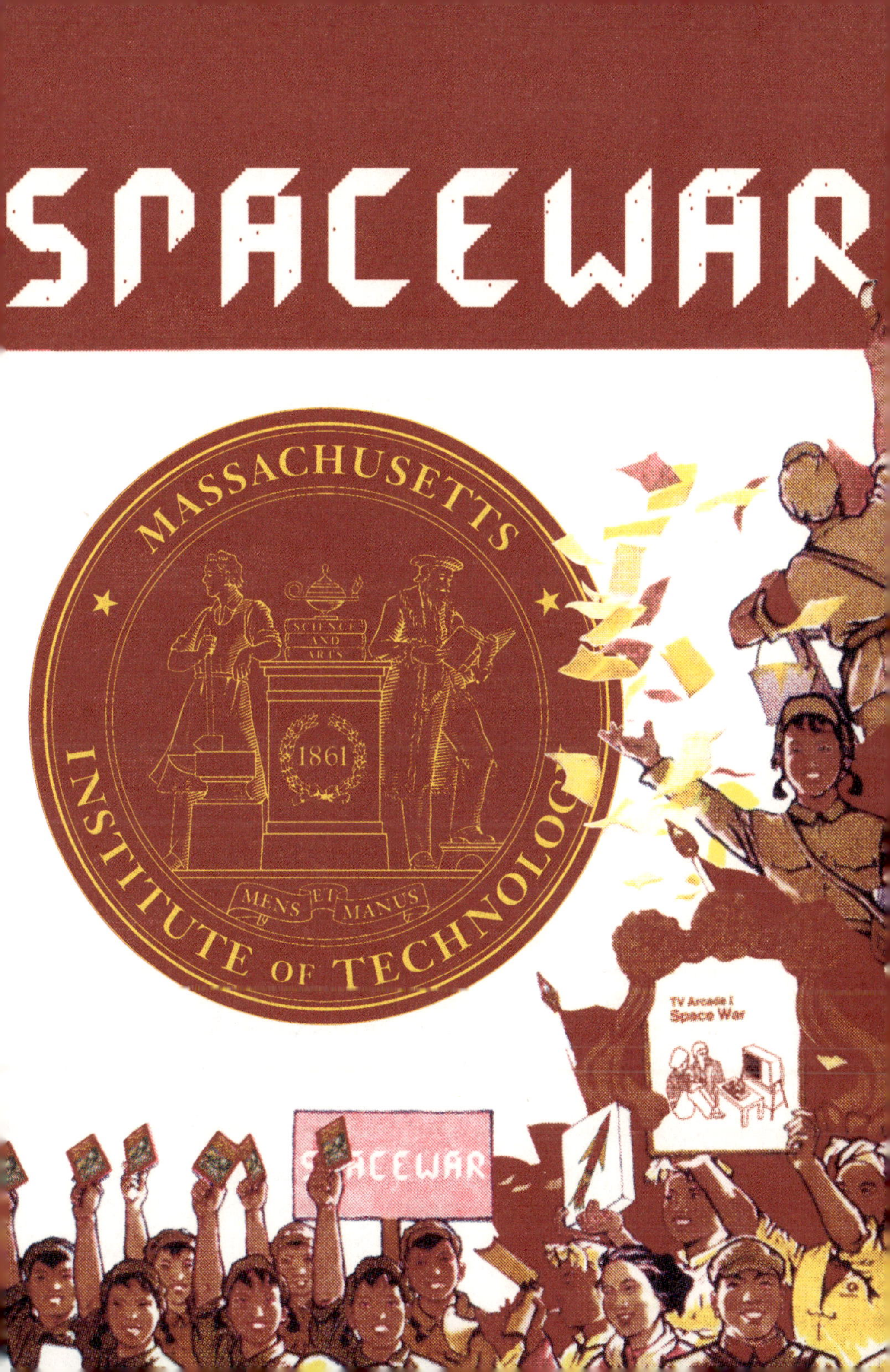
SPACEWAR
MASSACHUSETTS INSTITUTE OF TECHNOLOGY
SCIENCE AND ARTS
1861
MENS ET MANUS
TV Arcade I
Space War
SPACEWAR

Team als Grenzsoldaten agieren. Da der Karlsruher Kunststudent Jens M. Stober seine Arbeit schon selbst als „Serious Game“ bezeichnete, verwundert es aber wenig, dass auch den von ihm hervorgehobenen „Wahlmöglichkeiten“ am Ende klare Grenzen gesetzt waren, im Sinne seiner politischen Botschaft: Denn wer in gewohnter Shooter-Manier *Grenzverletzer* abknallte anstatt Flüchtlingen zu helfen oder diese festzunehmen, erhielt zwar zunächst einen Orden – landet dann aber nach der Wende als Mauerschütze vor Gericht. Doch zeigt sich das politische Potenzial von 1378 KM und Mods im Allgemeinen wirklich in Inhalten und darin, wie diese aufbereitet sind? Oder steckt es nicht noch tiefer: in der Existenz von Modding?

SPACEWAR ODER DIE SUCHE NACH DER FINAL FRONTIER

Oft als erstes Computerspiel bezeichnet, wies SPACEWAR die Kennzeichen eines funktionierenden Kommunismus auf: Seine Entwicklung fand 1962 in einem kleinen, geschlossenen Kreis statt, genauer gesagt dem Massachusetts Institute for Technology, das mit dem PDP-1 einen der ersten digitalen Computer besaß. Das Ziel einer ambitionierten Gruppe von technikinteressierten Studenten bestand damals darin, im Wettbewerb mit den anderen, aber auch sich selbst, die zur Verfügung stehende Rechenkraft in ihren „Hacks“ genannten Programmen immer noch optimaler und am besten in vorher nicht für möglich gehaltener Weise zu nutzen. Grenzen und fehlende Funktionen von Programmen waren für diese *Hacker* nicht das Ende, sondern nur der Anfang einer neuen Nachtschicht. Auch die Entwicklung des Spiels SPACEWAR war daher nicht auf ein Produkt ausgerichtet, sondern ein offener Prozess, in dem jeder Modifikationen vornehmen durfte, um die Software zu verbessern und zum Beispiel durch neue Features oder Regeln seinen eigenen Vorstellungen anzupassen. Und da es den MIT-Studenten als selbstverständlich erschien, dass Informationen ohne Einschränkungen verfügbar sein sollten, gaben sie den Quelltext ihres Programms für die Öffentlichkeit frei – was allerdings wieder nur einem kleinen Kreis von (meist universitären) Programmierern zugutekam, da insgesamt nur etwa 50 PDP-1 verkauft wurden.

Auch Noland Bushnell machte so während seiner Studienzeit Bekanntschaft mit SPACEWAR. Durch einen Ferienjob in einer Spielhalle mit damals noch ausschließlich mechanischen Automaten kam ihm schließlich die Idee, eine COMPUTER SPACE getaufte Adaption des Spiels zu entwickeln, die, wie auch das Spiel PONG, das ihn und seine Spielefirma Atari später weltberühmt machen sollte, nicht mehr auf einem unbezahlbaren digitalen Computer, sondern über eine Hardware von preisgünstigen, fest verdrahteten Transistoren lief. Wenn SPACEWAR Kommunismus war, so handelte es sich bei COMPUTER SPACE und seinen Nachfolgern um Diktatur, da die Spieler nun als reine Konsumenten nicht mehr in der Lage waren, die von den Herstellern eingestellten Vorgaben für diese Games zu ändern – ohne gleich einen Automaten auseinanderbauen und Schaltkreise umlöten zu müssen.

Durch erschwingliche programmierbare Heimcomputer wie den Apple II kam es dann in den 1970ern zu einer Demokratisierung der Entwicklung von Spielen. Hacker wie Richard Garriott, der mit seinem Rollenspiel ULTIMA große Erfolge feierte, waren aufgrund der damals noch überschaubaren Komplexität von Spielprogrammen nicht nur in der Lage, alle Produktionsschritte selbst durchzuführen, sondern konnten oft auch die Distribution selbst übernehmen – wie das Beispiel des Ehepaars Ken und Roberta Williams zeigt, das seine Software auf Disketten kopierte, in Plastikbeuteln verschickte und aus diesem Geschäft schließlich die Firma Sierra On-Line mit einem Jahresumsatz von zehn Millionen Dollar begründete.

Sobald aus den kleinen Geschäften von Hobbyentwicklern jedoch eine Industrie geworden war, wandelte sich auch die Haltung gegenüber Modifikationen an ihren Spielen. Während Änderungen, die nur eine individuelle Spielkopie betrafen, weiterhin toleriert wurden, waren der Spieleindustrie besonders die *Cracker* ein Dorn im Auge, die im Sinne eines freien Flusses der Information Kopierschutzmaßnahmen aushebelten, die kopierfähigen Games untereinander tauschten und so gegen die Diktatur der ihre Rechte und Einnahmen schützenden Entwickler rebellierten. Um in ihren Kreisen Anerkennung für ihre Programmierkünste zu erhalten, schrieben sich einige Hacker dabei im wahrsten Sinne des Wortes in die bereits vorhandenen Titelbildschirme ein und kamen dadurch auf den Geschmack, auch Spielinhalte ihren Vorstellungen anzupassen.

Als die Firma id Software im Jahre 1992 dann einen in Deutschland indizierten Titel veröffentlichte, waren sie überrascht, wie schnell es Hackern gelang, Tools zu entwickeln und über das im Aufbau befindliche Internet zu verbreiten, durch die auch Spieler mit geringen Programmierkenntnissen nicht nur Spielinhalte verändern, sondern auch neue erstellen konnten. John Carmack, das Programmier-Genie bei id Software, der als Jugendlicher selbst schon seinen Avatar in ULTIMA durch einen Hack mit neuen Fähigkeiten

ausgestattet hatte, war zwar begeistert von dieser kreativen Nutzung seiner Software, störte sich aber daran, dass jede Modifikation ein Überschreiben der Originaldateien bedeutete. Für den Egoshooter DOOM entwickelte er daher ein System, mit dem Spieler temporär Änderungen am Code vornehmen und neue Inhalte hinzuladen konnten, wobei die ursprünglichen Inhalte und Einstellungen aber unangetastet blieben. Diese neue Demokratisierung des Verhältnisses zwischen den Spielern auf der einen Seite und der Spieleindustrie auf der anderen sollte für spätere Games und die Modding-Szene wegweisend sein, war aber von Anfang an durchaus widersprüchlich: So stellte id Software zwar Autoren von Tools Informationen zur Verfügung, mit der sie ihre Software verbessern konnten, zwang sie dann aber per Vertrag dazu, dafür zu sorgen, dass ihre Programme nur mit der Vollversion und nicht mit einer kostenlos verbreiteten Demo des Spiels funktionierten.

Wie diese ausgewählten Beispiele zeigen, war und ist Modding auch ohne entsprechende Inhalte immer ein politischer Akt. Jede Betrachtung, ob und wie Modifikationen bei bestimmten Games möglich sind, offenbart uns die Machtverhältnisse und Systemkämpfe zwischen den Hackern auf der einen Seite der Spielgrenze und den Entwicklern auf der anderen. Und so wird wohl auch in Zukunft jeder Versuch, eine Diktatur zu errichten, irgendwann zu einer Rebellion führen, auf welche diejenigen, die über den Zugang bestimmen (wollen), wieder reagieren müssen. Ob nun durch Formen demokratischer Mitbestimmung wie bei id Software oder durch immer schärfere Maßnahmen, um Missbrauch zu verhindern sowie kostenlose Inhalte als Konkurrenz zum eigenen kostenpflichtigen Downloadable Content, wie etwa beim Egoshooter CALL OF DUTY: MODERN WARFARE 2, der gleich ganz ohne Mod-Unterstützung erschien. Oder aber auch perfide durch eine Scheindemokratie wie bei LITTLE BIG PLANET, die Spielern versprach, dass ihrer Kreativität keine Grenzen gesetzt wären – allerdings wieder nur in den Grenzen des Spiels …

STEFAN KÖHLER IST STOLZER BESITZER EINER KARIBIKINSEL, DIE UNTER DEN KOORDINATEN *WWW.MODDB.COM/MODS/STEFAN-KHLER* AUF BESUCHER WARTET. EINE (AUFFRISCH-)IMPFUNG MIT INHALTSSTOFFEN AUS SHAKESPEARES *DER STURM* ERFOLGT VOR ORT. URLAUBSGRÜSSE? GERNE! AN *STEFANCLEMENSKOEHLER@WEB.DE*.

SELECT SYSTEM

SPIEL? SERIOUS GAME? MILITÄRSIMULATOR!

von Michael Schulze von Glasser

FOTOS VON MICHAEL SCHULZE VON GLASSER

Da haben sich zwei gefunden:
Die Kooperation zwischen der Videospielbranche
und der Rüstungsindustrie wird enger.
Das zahlt sich für beide aus.

Presse- und Fachbesuchertag der Gamescom 2012 in Köln. Ich bin mit meiner Kamera unterwegs, um Fotos von den teils aufwendigen Messeständen der neuesten Videospiele zu machen: Activision hat wie im vergangenen Jahr einen großen Klotz mit einfachem Schriftzug für den neuesten Teil der CALL OF DUTY-Serie in die Messehalle gepackt, die Fassade des Electronic Arts-Stands von MEDAL OF HONOR WARFIGHTER zieren überlebensgroße Bilder von Elitesoldaten und der deutsche Videospielhersteller Crytek wirbt mit dem Model eines CH-47 „Chinook"-Hubschraubers für seinen neuen Multiplayer-Shooter WARFACE. In dem begehbaren Hubschrauber kann man eine vorläufige Version des Spiels testen. Am Eingang, der hinteren Laderampe des CH-47-Modells, steht eine Gruppe junger Männer erwartungsfroh an. Einige tragen schwarze Polohemden. Die Aufschrift darauf macht mich stutzig: „Sagittarius – Thales small arms trainer". Mitarbeiter eines französischen Rüstungsunternehmens auf der weltweit größten Messe für Videospiele? Ich spreche einen der Männer an: Er ist zunächst sehr zurückhaltend. Ja, er baue Simulatoren zur Ausbildung von Soldaten, als *Militärsimulator* möchte er diese aber nicht bezeichnen, da die Bezeichnung so negativ konnotiert sei. Als ich erzähle, mich schon mal mit dem Sagittarius genannten Simulator von Thales beschäftigt zu haben, beginnt ein Fachgespräch. Er erzählt, dass der militärische Trainingssimulator schon seit langer Zeit bei der deutschen Armee in Gebrauch ist, aktuell arbeitet man aber an einer neuen, Sagittarius Evolution genannten Version für die Bundeswehr. Diese ist speziell für Infanteriesoldaten geeignet, kann aber auch zur Ausbildung von Door-Gunner verwendet werden, den Soldaten, die im Hubschrauber am Maschinengewehr stehen. Zudem ist es möglich, die Systeme zu vernetzen, so können Soldaten an verschiedenen Standorten miteinander trainieren. Dass ich die Thales-Mitarbeiter gerade am Stand eines Videospiels des in Frankfurt am Main sitzenden Videospiel-Produzenten Crytek antreffe, ist kein Zufall. Die Sagittarius-Entwickler interessieren sich sehr für Crytek-Spiele. Sie arbeiten nämlich mit derselben Software. Im Sagittarius Evolution kommt die CryEngine 3 zum Einsatz, die auch in den Videospielen CRYSIS 2 und den bald erscheinenden CRYSIS 3 und SNIPER: GHOST WARRIOR 2 verwendet werden. Die Kooperation zwischen Thales und Crytek ist keine Ausnahme.

Die CryEngine wird auch von den US-Rüstungskonzernen Lockheed Martin und Intelligent Decisions verwendet. Der deutsche Kriegsschiffbauer

ThyssenKrupp Marine Systems nutzt die Software für sein Virtual Ship Training and Information System. Doch Crytek ist nicht das einzige Unternehmen, das aus seiner Spiel-Engine militärische Trainingssoftware macht: Im Juli kündigte der Engine-Entwickler Unity Technologies aus den USA an, in das Geschäft mit der Software für militärische Trainingssimulatoren einzusteigen. Platzhirsch auf dem Gebiet ist aber das tschechische Unternehmen Bohemia Interactive: 2009 machte das Unternehmen aus Prag mit Videospielen wie OPERATION FLASHPOINT (2001), ARMED ASSAULT (2006) und ARMA 2 (2009) einen Umsatz von 6 Millionen Dollar, während die Rüstungssparte mit ihrem Virtual Battlespace genannten Simulator sogar 7 Millionen Dollar umsetzen konnte.

Videospielhersteller sind in der Rüstungsbranche aktiv, es geht aber auch andersrum: Einige Rüstungsunternehmen unterstützen auch Videospielentwickler. Für das im Oktober erschienene MEDAL OF HONOR WARFIGHTER arbeiteten die Entwickler gleich mit einer ganzen Reihe von Waffenherstellern und Militärausrüstern zusammen und präsentierten die Partner stolz auf der Website des Shooters. Besonders die Hersteller moderner Luftkampfspiele wie der H.A.W.X.-Reihe rühmen sich gerne mit dutzenden Firmenlogos von echten Kampfflugzeugherstellern, die das Spiel unterstützen. „Die neuesten Technologien der weltweit größten Verteidigungsunternehmen und der fortschrittlichsten Militärfirmen stehen dem Spieler in H.A.W.X. 2 zur Verfügung, darunter über 40 lizensierte Flugzeuge und Prototypen", heißt es dazu in einer Pressemitteilung von H.A.W.X.-Entwickler UbiSoft. Unter den lizensierten Flugzeugen ist auch der Eurofighter Typhoon, der von der Eurofighter Jagdflugzeug GmbH mit Sitz in Hallbergmoos bei München produziert wird. Meist beschränkt sich die Unterstützung von Spielen durch die Rüstungsindustrie auf die Lizensierung der virtuell dargestellten Waffen oder des militärischen Zubehörs. Das Marine-Simulationsspiel DANGEROUS WATER (2005) ging allerdings sogar ganz aus einem militärischen Simulator des US-Unternehmen Sonalysts Combat Simulations hervor: „Als Hersteller von Trainingsanalysen und Simulationen der US-Marine greifen die Sonalyst Studios auf über 30 Jahre Erfahrung zurück", heißt es auf der Verpackung der deutschen Version.

Doch warum diese enge Kooperation von Rüstungsindustrie und Videospielbranche? Letztlich geht es ums Geld: Die Videospielhersteller rühmen sich öffentlich der Authentizität ihrer Spiele durch die Kooperation mit

WENN DER SPIELER ERST EINMAL VOM HIGHTECH-WAFFENSYSTEM BEGEISTERT IST, FÄLLT ES LEICHTER, DIE MEIST HORRENDEN BESCHAFFUNGSKOSTEN DER WAFFENSYSTEME ZU LEGITIMIEREN.

echten Waffenfabrikanten. Dies wird oft großspurig beworben, um damit noch mehr Käufer für das Videospiel zu finden. Auf der anderen Seite profitieren dabei auch die Rüstungsproduzenten, da ihre Waffen bekannter werden. Kaum ein Spieler, der nicht weiß, wie ein M16-Gewehr aussieht. Besonders bei großen Waffensystemen wie Kampfflugzeugen, Hubschraubern oder Panzern hat die Darstellung in Videospielen auch einen legitimierenden Effekt. Bekommt der Spieler etwa Kampfjets im Alltag kaum zu Gesicht, kann er vor dem Bildschirm gleich selbst ins Cockpit einsteigen und abheben. Und wenn der Spieler erst einmal vom Hightech-Waffensystem begeistert ist, fällt es leichter, die meist horrenden Beschaffungskosten der Waffensysteme zu legitimieren. Und so dulden nahezu alle Rüstungshersteller – auch die, die von den Videospielunternehmen nicht extra um Lizenzen gebeten werden – die Darstellung ihrer Waffen in den virtuellen Welten. Eine Win-win-Situation gibt es auch beim umgekehrten Fall, wenn Spielehersteller die Rüstungsindustrie unterstützen: „Der Markt für militärische Trainingssimulatoren wächst, das Militär investiert immer mehr in diesen Bereich", so ein Mitarbeiter von Unity Technologies auf der Gamescom, angesprochen auf das neue Engagement des Unternehmens als Software-Lieferant für Trainingssimulatoren. Für die Engine-Hersteller sind die Simulatoren schlicht ein zusätzlicher Markt, auf dem dicke Profite locken. Die Rüstungsunternehmen, welche die ursprünglichen Videospiel-Engines in ihre Simulatoren einbinden, können auf hochentwickelte Software zurückgreifen, statt aufwendig eigene programmieren zu müssen.

Dies ist auch beim Sagittarius Evolution der Fall: „Durch [die] Kooperation der Firma Thales mit der Firma Crytek wurde vor kurzem eine Softwarebasis geschaffen, die als Quantensprung betitelt werden kann“, schrieb ein Bundeswehr-Oberstabsfeldwebel, der Experte für Schießsimulatoren ist, Anfang des Jahres begeistert in dem Wehrtechnik-Fachmagazin „Strategie & Technik“. Wie der Thales-Mitarbeiter auf der Gamescom vor dem WARFACE-Stand anmerkt, werde die CryEngine dafür etwa bei der Waffenballistik weitestgehend der Realität angepasst. Falls etwas mal nicht funktioniere, seien die Crytek-Mitarbeiter schnell zur Stelle: Von Frankfurt nach Koblenz, wo der neue Sagittarius-Simulator entwickelt wird, sind es nicht mal 100 Kilometer. Zudem sind Analysewerkzeuge in die Software implementiert, um das Schießtraining auch bewerten zu können. Vor allem die schnelle Anpassung der Trainingsumgebung an den realen Einsatzort ist eine große Neuerung, so der Thales-Mitarbeiter. Dabei werden vorhandene Geodaten und Satellitenbilder verwendet, um eine 3D-Umgebung zu schaffen. Die Soldaten könnten so in kurzer Zeit auf die mögliche Einsatzumgebung eingestellt und mit dem Terrain vertraut gemacht werden.

Zwar kann ein virtueller Schießsimulator nie den realen Schuss ersetzen, aber die Simulatoren sind eine enorme und für das Militär preiswerte Hilfe bei der Einsatzvorbereitung von Soldaten: Sie lernen, wie sie sich in bestimmten Situationen verhalten sollen, wann es nötig ist, zu schießen und wie sie den Feind im Ernstfall am besten töten. Die virtuelle Realität kann dabei aber nie die echte Einsatzsituation ersetzen. Auf Pixelgegner zu schießen oder auf echte Menschen ist ein Unterschied, den kein Trainingssimulator überwinden kann. Dass die Hemmschwellen von Regierungen, das eigene Militär in fremde Regionen zu schicken, sinkt, wenn diese mithilfe von Simulatoren zumindest sehr leicht auf ihren Einsatz vorbereitet werden können, steht auf einem anderen Blatt. So helfen Videospielunternehmen wie Crytek durch den Verkauf ihrer Software an Rüstungsunternehmen bei der Vorbereitung militärischer Auslandseinsätze.

MICHAEL SCHULZE VON GLASSER (*1986) BESCHÄFTIGT SICH IN SEINEN STUDIEN BEI DER INFORMATIONSSTELLE *MILITARISIERUNG E.V.* MIT DEN IN MILITÄRSPIELEN VERMITTELTEN GESCHICHTEN UND DER VERBINDUNG ZWISCHEN VIDEOSPIEL- UND RÜSTUNGSINDUSTRIE. WEITERE INFORMATIONEN GIBT ES AUF SEINEM BLOG: *WWW.SCHULZE-VON-GLASSER.EU*

UNTER VERW. VON: VECTORBOMB / SHUTTERSTOCK.COM

SEX IS A BATTLEFIELD

DIE NEUE SEXISMUSDEBATTE IN DER AMERIKANISCHEN SPIELEINDUSTRIE

von Christian Keichel

Sex in westlichen Videospielen – gibt es den? Nicht besonders häufig oder detailliert. Was es aber gibt, ist eine Debatte um Sexismus im Videospiel. Das ist doch schon immerhin etwas, oder vielleicht doch nicht?

Nach der E3, ihrem wichtigsten Branchentreffen, gleitet die Videospielindustrie normalerweise ab in einen Zustand fiebriger Erschöpfung. Die Bistrotische werden abgebaut, die Präsentationskonsolen in Kisten gepackt, man lehnt sich zurück und liest die *Die-Besten-Spiele-der-E3*-Artikel auf amerikanischen Spielewebsites. Doch diesmal war alles ein bisschen anders, denn die Klickweltmeister waren diesmal erstaunlicherweise Beiträge zum Thema Seximus in Videospielen.

Den Anfang machte Kris Graft auf gamasutra.com, der seinen Unwillen über den Zustand der Spieleindustrie auf den Punkt brachte, indem er schrieb, die einzige für die Industrie relevante Zielgruppe seien „bloodthirsty, sex-starved teen males who'll high-five at a headshot and a free T-shirt".

Das Pikante daran: Gamsutra ist nicht eine x-beliebige Spieleseite, es ist die führende Website für *Professionals*, also für all diejenigen, die in der Spieleindustrie arbeiten. Es ist nicht Fox-News oder eine andere der konservativen Rechten in Amerika nahestehende Organisation, die sich hier echauffiert. Der Vorwurf kommt aus den eigenen Reihen. Was ist da passiert?

Zwei Spiele erregten während ihrer Präsentation auf der E3 besonderes Aufsehen, es sind zwei Fortsetzungen altbekannter Reihen.

Das erste Spiel ist HITMAN: ABSOLUTION. In dem zur Messe veröffentlichten Trailer wird gezeigt, wie sich der Hitman gegen ein Attentat zur Wehr setzt. Das ist nichts Ungewöhnliches, doch diesmal sind seine Angreifer allesamt weiblich – mehr noch, im Verlauf des Vorschau-Clips nähern sie sich ihm als Nonnen verkleidet, um kurz vor dem Ziel ihre an Dominas erinnernde Lederkleidung zu enthüllen, die sie unter der Tracht tragen.

In einem anschließenden, sehr detailliert in Szene gesetzten Shootout tötet der Hitman alle Angreiferinnen. Die Kritik entzündete sich daran, dass die Attentäterinnen wie Dominas gekleidet waren; diese Verkleidung würde sie objektivieren und auf Lustobjekte reduzieren, heißt es in diversen Artikeln. Die kommentierenden Leser sahen das ähnlich.

Noch schärfer wurde der Trailer zur Neuauflage von TOMB RAIDER kritisiert. Die 16-jährige Lara Croft ist nach einem Flugzeugabsturz auf einer einsamen Insel gestrandet und gerät in die Fänge von Verbrechern. In einer kurzen Sequenz sehen wir, wie einer der Verbrecher Lara packt, seine Hand fährt über ihren Körper, woraufhin Lara ihm mit dem Knie einen Tritt zwischen die Beine verpasst. Es kommt zu einem Gerangel, an dessen Ende Lara den Verbrecher erschießt, sein Blut bedeckt ihr ganzes Gesicht und sie taumelt benommen fort. Diese Szene, so die einhellige Meinung der Zuschauer auf der E3, zeige den Versuch einer Vergewaltigung. Ed Rosenberg, der Produzent des Spiels, kommentierte, die Szene solle beim Spieler den Wunsch wecken, Lara zu beschützen. Diese Klarstellung trug nicht unbedingt zur Beruhigung der Gemüter bei. Noch während der E3 stellten die Entwickler des Spiels klar, dass es im Spiel keine versuchte Vergewaltigung geben würde und dass der Trailer und Rosenbergs Aussagen missverstanden wurden.

Im Netz wurde der Vorwurf des *Male Gaze*, des rein männlichen Blicks, laut. Diese ursprünglich in den 1960er-Jahren entstandene Theorie ist ein wichtiger Baustein in der feministischen Filmtheorie, die besagt – stark verkürzt –, dass ein Regisseur in unserer, von männlichen Blicken geprägten Gesellschaft weibliche Körper im Film mit den Augen eines Mannes zeigen wird und so auch Frauen den männlichen Blick aufzwingt. Beim Video zu TOMB RAIDER zeige sich dieser *Male Gaze* unter anderem belegt anhand von Kamerafahrten über die Hüften der jungen Heldin.

Damit hatte sich die Debatte nach Kris Grafts Rundumschlag gegen Sex und Gewalt im Videospiel innerhalb weniger Wochen auf den Aspekt des Sexismus reduziert. Daran ist nichts Falsches, allerdings wurden andere Aspekte des Trailers dabei kaum betrachtet:

Im Trailer zu HITMAN: ABSOLUTION wehrt sich der Hitman unter anderem, indem er einer Angreiferin, die ihn von hinten festhält, mit dem Hinterkopf einen Schlag versetzt, der ihr das Nasenbein zertrümmert. Das fortspritzende Blut wird dabei in Zeitlupe gezeigt, immer wieder schießt er auf seine Gegnerinnen und die Darstellung der durch die Kugeln gerissenen Fleischwunden wirkt extrem realistisch. Während des TOMB RAIDER-Trailers fällt die junge Lara dutzendfach aus großer Höhe auf harte Steinplatten, versorgt notdürftig tiefe Fleischwunden, ein schmerzverzerrtes Gesicht und ihre permanenten Schmerzensschreie durchziehen den gesamten Clip. Diese Form von expliziter Gewalt, die sich zum Teil gegen Frauen richtet, bleibt jedoch unbeanstandet.

Wir wissen natürlich: Gewaltdarstellungen sind seit jeher kein großes Problem in den USA, anders als Sex. Doch es gibt einen weiteren Grund dafür, dass die Debatte um Sexismus im Videospiel gerade nach dieser E3 besonders stark aufgeflammt ist: Die Industrie befindet sich in der Krise (der Umsatz für Videospiele ging im ersten Halbjahr 2012 in den USA um 25 Prozent gegenüber dem Vorjahr zurück). Die Branche hat sich offenbar entschieden, ihre Zielgruppe noch genauer zu bedienen, und die besteht, wie Kris Graft richtig festgestellt hat, zu einem großen Teil aus eben jenen „bloodthirsty, sex-starved teen males“

Der Unterschied zwischen *blutrünstig* und *sexhungrig* ist aber, dass es für männliche Jugendliche kein Problem ist, zu ihrer Faszination für Gewalt zu stehen, es aber auf der anderen Seite immer peinlich ist, sich zur eigenen Sexualität zu bekennen. Solange Videospiele also männliche Jugendliche als vornehmliche Zielgruppe haben, werden wir damit leben müssen, dass es kein Problem ist, in einem Videospiel eine Frau (oder auch einen Mann) zu verstümmeln und zu töten, solange diese Person dabei nur anständig angezogen bleibt.

Das tritt besonders deutlich dort zutage, wo Macher und Spieler direkt aufeinander treffen. Kickstarter ist so ein Ort, die Crowdfunding-Plattform hat in kurzer Zeit durch eine erstaunlich hohe Anzahl von Kontroversen zum Thema Sex im Videospiel von sich reden gemacht. Kontroversen, die immer wieder von Spielern und Journalisten neu befeuert werden. Interessanterweise geht es dabei oftmals gar nicht um Videospiele selbst, sondern um sie begleitende oder kommentierende Medien.

Den Anfang machte diesmal Brandon Sheffield, Herausgeber des GAME DEVELOPER MAGAZINE, der auf seinem Blog einen Artikel mit dem Titel „When No Regulation Is Bad Regulation“ veröffentlichte. Darin griff er das Kickstarter-Projekt TENTACLE BENTO an. In diesem Kartenspiel ist jeder Spieler ein, wie es auf der Projektseite heißt, „schreckliches tentakelschwingendes schleimtropfendes Monster aus dem Weltraum“. Als Student verkleidet muss man möglichst viele junge Frauen fangen, wobei die Beschreibung bewusst offen lässt, was mit ihnen im Anschluss geschieht. Das Design des Spiels orientiert sich an japanischen Animes im Stil von SAILOR MOON und DRAGON BALL, die Frauen haben allesamt überdimensionierte Brüste. Sie sind laut den Projektmachern „not only cute, they are HARDCORE cute“.

Nach Sheffields Auffassung verharmlose das Spiel damit die Vergewaltigung von Frauen. Er forderte seine Leser deswegen auf, Kickstarter per Mail zu bitten, das Projekt einzustellen, was einen Tag nach seinem Artikel auch geschah.

Einige Wochen danach startet die kanadische Bloggerin Anita Sarkeesian auf Kickstarter ihr Projekt „Tropes vs. Women in Video Games“. In einer Videoreihe wollte sie die Rolle von Frauen in Videospielen beleuchten. „Tropes vs. Women“ ist eine Videoblog-Serie, die sie für das feministische Magazin BITCH entworfen hat, sie untersucht dort die Darstellung von Frauen in verschiedenen Medien.

MALE GAZE: TOMB RAIDER

Die unmittelbare Reaktion der Spieler auf das Projekt war eine Flut negativer Kommentare, nicht nur auf der Kickstarter-Seite selbst, sondern auch in diversen Spieleforen. Dort beschweren sich Spieler dutzendfach darüber, dass Sarkeesian ihre feministischen Theorien auf Videospiele anwenden wolle. Doch damit nicht genug: Immer wieder beleidigten und diffamierten die Spieler Sarkeesian und ergingen sich in wüsten Vergewaltigungsfantasien, selbst ihr Wikipedia-Eintrag war vor virtuellem Vandalismus nicht gefeit. Am Ende erreichte „Tropes vs. Women in Video Games“ trotz dieser Proteststürme anstatt der angepeilten 6 000 satte 158 000 Dollar.

Doch die Energie, die in Kickstarter-Kontroversen steckt, scheint sich langsam zu erschöpfen. Das Projekt GaymerCom, einer Spielemesse, die sich an homosexuelle Spieler richtet, hat sein Ziel von 25 000 Dollar um das fast Vierfache überschritten, ohne dass es zu einer Kommentarschlacht gekommen wäre. Das liegt aber sicherlich auch daran, dass die Gleichstellung Homosexueller, gerade in den USA, in den letzten Jahren enorme Fortschritte gemacht hat. In vielen Bundesstaaten können Homosexuelle nun heiraten, das Verbot, sich in der US Army zu seiner Homosexualität zu bekennen, ist Vergangenheit. Sogar die von männlicher Heterosexualität geprägte Popkultur der Superheldencomics und sogar des Hip-Hop, man denke nur an den Erfolg des offen schwulen Rappers Frank Ocean, hatte diesen Sommer mehr Comingouts und gleichgeschlechtliche Hochzeiten als jemals zuvor zur Folge. Hier folgen Videospieler einem in der Gesellschaft vorhandenen Trend.

Viele Probleme würden sich vielleicht lösen, wenn Frauen gleichberechtigt an der Produktion von Computerspielen beteiligt wären. Denn in den Spielen selbst werden Debatten wie die um Sexismus kaum geführt. Offenbar fehlt den Machern der Mut, so etwas in ihren Spielen zu thematisieren. Oder auch der Wille. Denn machen wir uns nichts vor: Es sitzen immer noch ziemlich viele von den „bloodthirsty, sex-starved teen males“ mit dem Controller in der Hand vor der Konsole.

CHRISTIAN KEICHEL HAT SEINE ERSTEN ERFAHRUNGEN IM VIDEOSPIEL MIT *MISSILE COMMAND* AUF DEM ATARI VCS GEMACHT, DAS ER IMMER NOCH FÜR EINES DER BESTEN BEISPIELE FÜR AGITPROP IM VIDEOSPIEL HÄLT.

THE PRINCESS IS IN ANOTHER CASTLE?

Ein Interview mit König Bowser

INTERVIEW VON SEBASTIAN HEISE, ILLUSTRATIONEN VON **DANIEL WALLNER**

Ich wollte nicht nur irgendeinen Gesprächspartner zum Thema. Ich wollte den Besten. Den Sisyphos der modernen Expansionspolitik. Den Gebieter aller Schildkröten und Tintenfische. Den langsamsten, aber stärksten Boliden im Fahrerfeld. Einen, der von Kindesbeinen zum Endboss erzogen wurde: Bowser persönlich.

Herr König Bowser, vielen Dank, dass Sie uns so spät noch in Ihrem Schloss empfangen haben.
Danke für Ihr Kommen – und lassen Sie sich bitte nicht von der ganzen Lava stören! Ich freue mich, dass Sie sich die Zeit nehmen und ich nach all den Jahren endlich auch mal meine Sicht der Dinge darstellen kann.

In Ordnung. Da es in der zweiten Ausgabe unsers Magazins um Politik gehen soll: Welche politische Funktion haben Sie?
Ich bin alleiniger Herrscher meines eigenen Königreiches, meine Untertanen bestehen aus verschiedenen Gattungen wie Gumbas, Geister und Koopas, die wiederum von meinen Statthaltern wie König Buu-Huu oder König Bomb-Omb regiert werden. Die letzte Instanz bin aber immer ich selbst.

Mit Verlaub, aber inwieweit ist diese Form der Tyrannenherrschaft durch Gewalt heute noch vertretbar?
(lacht) „Tyrannenherrschaft“ ist doch ein stark negativ besetzter Begriff und falsch dazu. Wir stehen für die klassische Form der Königsherrschaft, die

ich irgendwann an meinen legitimen Nachfolger Bowser Jr. weiterreichen werde. Die Entscheidungsgewalt einer einzigen Echse hält unser Königreich stabil. Das können Sie etwa in Klassikern der Staatsphilosophie nachlesen, wie etwa im „Fürst" von Koopiavelli.

Wie lässt sich so eine Herrschaft in einem so großen Reich voll von Wüsten, Gletschern und Schlössern stabilisieren?
Meine acht Kinder helfen mit bei all diesen Aufgaben, wobei Bowser Jr. der Einzige ist, der mir bei meinen Expansionsplänen mit dem Pilzkönigreich zur Klaue gehen darf. Außerdem setze ich verstärkt auf die klassischen Repräsentationsobjekte wie Wegsperren durch Hammerbrüder, brodelnde Lavagräben und Geisterhäuser. Ich liebe labyrinthische Geisterhäuser!

Um auf diese Expansionspläne gegen das Pilzkönigreich mal zu sprechen zu kommen ...
Ja, sie werden mir ziemlich oft übelgenommen und propagandistisch ausgeschlachtet, weil die Bewohner von außen so friedlich wirken und Mario natürlich immer etwas Heldenhaftes an sich hat. Aber durch unsere direkte Nachbarschaft entstehen an vielen Punkten nun mal ernstzunehmende Rivalitäten. Und müssen sich denkende Wesen nicht immer auch von anderen abgrenzen? Braucht im Endeffekt nicht jedes Individuum eine Gruppe, der es angehört, die sich von anderen Gruppen wiederum unterscheidet – wer hat die dicksten Stacheln, den längsten Panzer, spuckt die schönsten Feuerbälle? Wenn es zwischen einzelnen Gruppen von Menschen schon schwierig ist, friedlich nebeneinander zu existieren, vom Gartenzaunnachbarn zur Weltreligion, wie stellen Sie es sich dann zwischen so grundverschiedenen Gattungen wie Echsen, Menschen und Pilzen vor? Die Schildkröte ist der Schildkröte Krokodil, sprach einer unserer bekanntesten Philosophen ...

Inwiefern spielt Prinzessin Peach in diesen Rivalitäten eine Rolle –

„DIE SCHILDKRÖTE IST DER SCHILDKRÖTE KROKODIL."

LYNEA, AKAISEF / SHUTTERSTOCK.COM

"GRIN AND BEAR IT. WHEN THAT DON'T WORK, GRIN AND CRUSH IT."
MOTTO VON BOWSER JR.

wo Ihr Königreich ohnehin äußerst patriarchal zu funktionieren scheint …

Dessen bin ich mir bewusst. Nun, vielleicht hängt das eng mit meiner frühkindlichen Prägung zusammen: Ich wuchs als Waise bei dem Magikoopa Kamek auf, der mich großzog wie seinen eigenen Sohn. Das Fehlen einer Mutterfigur macht mir immer noch schwer zu schaffen. Die Prinzessin des Pilzkönigreiches füllt für mich eine Lücke, die wie eine Wunde in meinem harten Panzer pocht. Das scheint mir auch der Grund zu sein, weswegen ich meinem Sohn jahrelang erzählt habe, Peach wäre seine Mutter. Nach einem Anschlag auf eine Ferieninsel musste ich ihn dann mit der Wahrheit konfrontieren … Aber wie auch immer, eine Hochzeit würde natürlich auch eine sozialpolitische Funktion erfüllen, um die Königreiche zu vereinen. Verstehen Sie mich nicht falsch: Gewalt ist auch bei mir immer nur das letzte Mittel. Aber: Muss denn jede Repräsentation von Macht immer als Gewalt verstanden werden? Schon einige Male habe ich gar mit Mario kooperiert, um gemeinsame Ziele zu realisieren – er war mit seinem Bruder sogar schon in meinem Bauch. Nebenbei bemerkt macht Peach so ausgesprochen leckere Erdbeerkuchen ...

Welche Rolle spielt Mario denn in dieser Konstellation?

Neben der Tatsache, dass wir sehr gut miteinander klarkommen, wenn wir beispielsweise Kart fahren, golfen oder Tennis spielen, befindet er sich in der klassischen Pattsituation: Trotz der engen Verbundenheit ist er eben nur ein menschlicher Klempner und kann eine Prinzessin aufgrund seines Standes nicht heiraten. Nichtsdestotrotz scheint er mir zu einer Art Symbol für die Bevölkerung zu werden – auch sieben falsche Schlösser haben Mario nicht davon abgehalten, am Ende doch wieder die Prinzessin zu retten, wodurch ich meine Pläne umstrukurieren musste. „Thank You Mario, But The Princess Is In Another Castle" – diese Antwort, die Mario stets bekam, wenn er am Ende eines falschen Schlosses stand, hinderte ihn nie an der Vollendung seiner Mission. Ob es nun um die Gegner meiner Atomkraftwerke im Pilzkönigreich oder meine Knochentrocken-Zuchtanlagen geht: Das Nicht-Aufgeben-Wollen trotz Rückschlägen motiviert leider viele zur aktiven Teilnahme. Deswegen hat Mario wohl auch so viele Leben. Und deswegen muss ich ihn endgültig wieder zurück in das Ei stopfen, aus dem er einst geschlüpft ist!

Herr König Bowser, vielen Dank für das Interview!

SEBASTIAN HEISE WURDE VOR KURZEM ZUM SECHSTEN MAL 25 JAHRE ALT UND ARBEITET ALS REDAKTEUR IN BRAUNSCHWEIG. ER HÄLT *DEADLY PREMONITION* UND *THE WORLD ENDS WITH YOU* FÜR DIE AM MEISTEN UNTERSCHÄTZTEN SPIELE DER LETZTEN JAHRE.

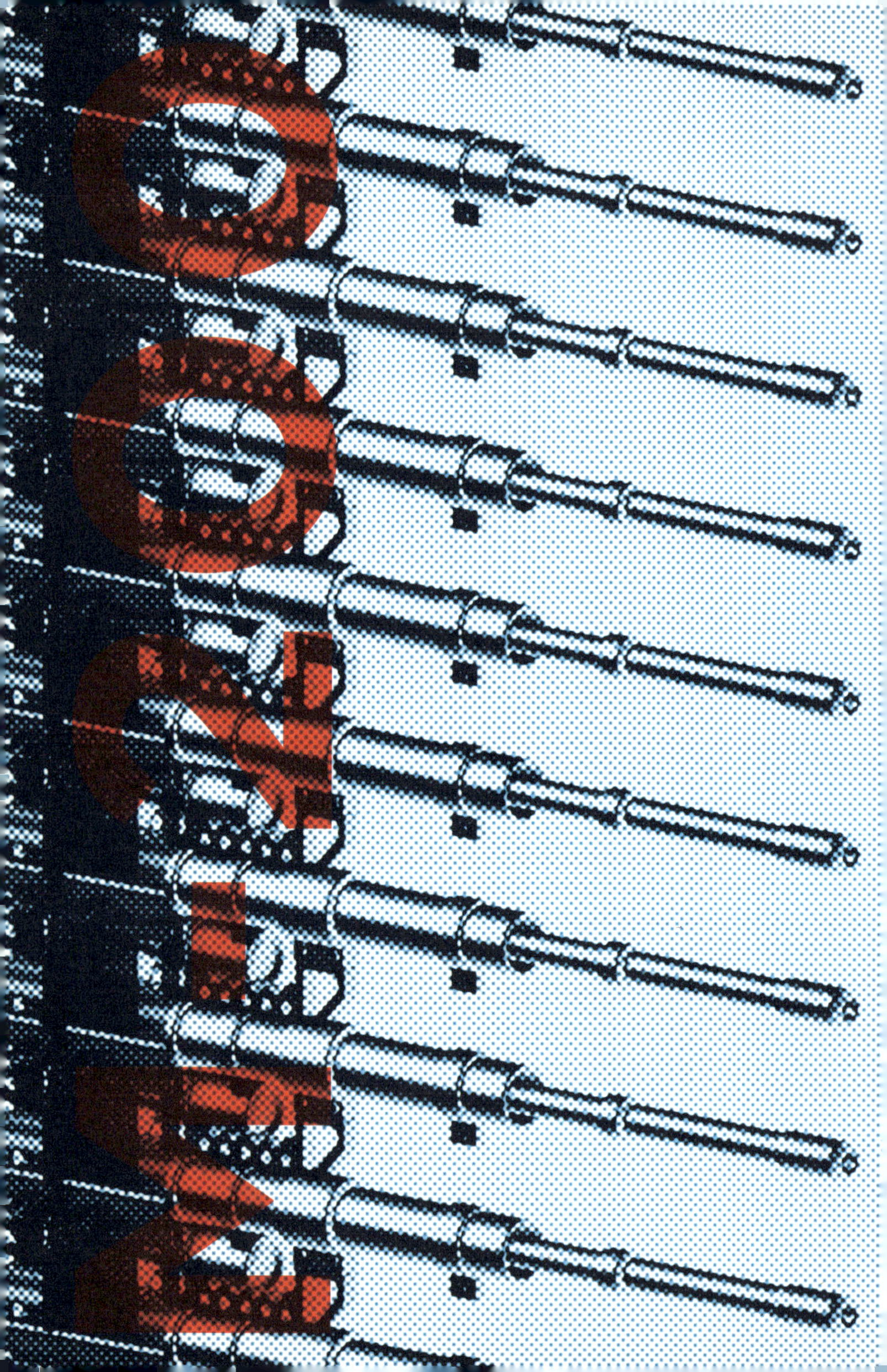

SELECT SYSTEM

GENUG GEBALLERT

von Jan Bojaryn

FOTOS VON **JAN BOJARYN**

Wir haben kein Problem? Ich bin anderer Meinung.
Wir haben die falschen Spiele für das falsche Publikum.
Ich würd's gern erklären, aber es ist schwer,
mit jemandem zu diskutieren, der unaufhörlich den
Lauf eines Gewehrs auf mich richtet.
Nimm also bitte mal fünf Minuten lang die Waffe
runter und hör mir zu.

Verherrlichte, exzessive Gewalt in Games ist ein Problem. Nicht nur mein Vater glaubt, Videospiele seien automatisch Ballerspiele. Games sind nicht nur in aller Regel gewalttätig, sie haben auch ein gestörtes Verhältnis zur Gewalt. Austauschbare Aufstellmännchen stürmen auf uns zu und werden abgeschossen oder abgestochen. Selbstverständlich geworden ist der Killshot in Zeitlupe aus nächster Nähe. Das ist Töten als Porno und es ist der normale Modus, in dem Gewalt einen Großteil unserer Games bevölkert.

Offen sichtbar wird das auf Gamingshows wie der letzten E3. Spiele werden über möglichst krasse Gewaltdarstellungen vermarktet. Kracht die Schrotflinte ins Gesicht, bricht der Badass dem Bösewicht das Genick, dann johlt das Publikum. Selbst was anfangs anders aussieht, muss am Ende der Bühnenshow in einer zünftigen Schießerei münden; als wären wir unfähig, uns andere Höhepunkte vorzustellen. Man muss keine ausgelutschten Wirkungsdebatten bemühen, um das problematisch zu finden. Ein Großteil der Gamer ist heute volljährig. Wir können sehr gut zwischen Spiel und Realität unterscheiden. Wir sind in aller Regel nicht Mitglied in einem Schützenverein. Viele von uns werden nicht auf der Arbeit gehänselt. Wer gern Cowboy und Indianer gespielt oder je kichernd einen schlechten Actionfilm geschaut hat, der kann verstehen, warum die simpel gestrickte Machtfantasie eines unverwundbaren Arschlochs mit Sturmgewehr manchmal witzig ist. Aber haben wir sonst nichts zu spielen? Ist das wirklich die Außendarstellung, mit der wir uns grimmig gegen alle Nichtgamer abgrenzen wollen? Sind wir wirklich bereit, dieses Bild so in den Mittelpunkt zu stellen? Können wirklich nur Machos mit dicken Kanonen Millionen von Kunden zum Kauf bewegen?

KREATIVE VERARMUNG IST EIN PROBLEM

Wir leben im Zeitalter des Shooters. Das kann man schnell erklären. Kein Genre ist heute bei Gamern so fest installiert. Selbst Nichtspieler verstehen halbwegs, worum es geht. Aber die Verengung auf ein öffentlich wahrgenommenes Thema ist schädlich. Wenn in den Medien, in den Werbe- und Entwicklungsbudgets alles in die zweite Reihe rücken muss, was nicht zerschossen wird, dann befördert das die Verengung unseres Mediums. Alles, was nicht auf eine Zielscheibe passt, muss aus dem Weg. Die Monokultur hat bereits Schäden angerichtet. Längst verjagt die klassische Spieleindustrie ihre größten Talente, kämpft mit sich selbst um ein immer enger definiertes Publikum und muss immer mehr aufwenden, um dasselbe noch einmal zu verkaufen. Games sind viel zu oft stromlinienförmige Unterhaltungsprodukte. Aus dem Zwang, auf ein großes Publikum zu zielen, entstehen austauschbare Ballerspiele, die optisch spektakulär, aber kurzatmig von Setpiece zu Setpiece hecheln. Solche Spiele sind nicht unbedingt schlecht. Schlecht ist, wenn jede Abweichung sich für ihr Anderssein rechtfertigen muss. Auf Innovationen an ihren Rändern reagiert ein Großteil der Gamingindustrie ratlos. Wenn man etwas anderes entwickeln will, muss man aussteigen.

IGNORANZ IST EIN PROBLEM

Wir haben keine Krise. Das schreit ein Großteil der Gamergemeinde immer noch, als wären sie Ultras auf dem Abstiegsplatz. Sie stellen jede Innovation unter den Generalverdacht, Gaming aufzuweichen oder Gamer auszubeuten. Doch die kreative Erstarrung des Mainstreams muss man nicht scharf analysieren. Sie brüllt jedem Besucher der Gamescom entgegen. Sie lacht uns beim ersten Blick auf Bestsellerlisten an. Neue Hardware kann das Problem nicht lösen. So werden höchstens die Budgets größer. Wer sich vor Jahren mit Grausen vom Einbahnstraßen-Gaming abgewendet hat, wird nicht von besseren Shadern bekehrt werden. Wenn der große Mainstream nicht den Dinosauriertod sterben soll, dann muss sich etwas ändern.

GAMING BRAUCHT EINE DIFFERENZIERTE STREITKULTUR

Könnte unsere Gewaltfixierung ein Problem sein? Muss man jede Geschmacklosigkeit verteidigen? Wer

das fragt, der landet mit Verbotsbefürwortern auf der Strafbank. Könnten wir uns auf zu enge Genrebegriffe eingeschossen haben? Können uns die Indie-Gaming-Revolution auf Steam, die Mobile-Gaming-Revolution auf dem iPhone, die Social-Gaming-Revolution im Browser etwas sagen? Das fragen angeblich nur zwielichtige Free-to-Play-Entwickler, die ihren nächsten FARMVILLE-Klon unters Volk bringen wollen. Es gibt nur wenige Foren, die unaufgeregte Diskussionen erlauben. Mit selbstkritischen Fragen wird man als Gamer in aller Regel von einer adoleszenten Horde niedergeschrien. Jedes andere Medium erträgt Kritik an populären Werken und an ganzen Genres. Warum nicht auch Spiele? Warum muss alles in den Shitstorm münden?

GAMING BRAUCHT SUBKULTUREN

Viele Menschen spielen, aber nicht viele reden darüber. Nur in stillen Ecken sammeln sich Spieler, die leidenschaftlich über Spiele abseits des Mainstreams diskutieren. Dabei sind die Abweichler längst in der Mehrheit.

Zu viele Menschen entdecken ein Juwel und glauben dann viele Jahre lang, sie hätten einen exotischen Einzelfall gefunden. Dass heute noch klassische Adventures entwickelt werden, dass es auf dem iPhone auch gute Spiele gibt oder dass eine wachsende Bibliothek origineller Spiele für ein paar Euro auf jedem PC läuft, wissen viel zu wenige Menschen. Alle sind gefragt, das zu ändern.

ANDERE GAMER MÜSSEN SICH AUFREGEN

Aufregung haben wir online genug. Aber die Falschen leisten sie. Wir brauchen mehr Menschen, die sich eloquent gegen Verbotsforderungen wehren statt mit Morddrohungen zu reagieren. Wir brauchen mehr Gamer, die im selben Satz ihr Medium in Schutz nehmen und bestimmte Spiele angreifen können. Wir brauchen mehr Kommentatoren, die den üblichen Verdächtigen auf ihrer Lieblingsspieleseite widersprechen.

ANDERE ENTWICKLER MÜSSEN SICH PRÄSENTIEREN

Wer etwas Ungewöhnliches entwickelt, muss sich Öffentlichkeit erkämpfen. Das ist möglich. Als unabhängiger Entwickler kann man nicht EA und Activision nachahmen; aber Minecraft-Macher Markus Persson und Braid-Entwickler Jonathan Blow. Wer sich online sichtbar macht, auch ungefragt die eigene Meinung äußert und von sich aus jede Öffentlichkeit sucht, der kann dazu beitragen, dass seine Spiele gesehen werden. Das Publikum ist mehr als reif für andere Autoren, die sich ins Rampenlicht drängen, um ihre Ideen vorzustellen.

ANDERE JOURNALISTEN MÜSSEN ÜBER SPIELE SCHREIBEN

Klassische Gaming-Presse leistet wenig, außer Kaufberatung. Kulturjournalismus zu Videospielen findet kaum statt. Schon gar nicht in Deutschland. Uns bleiben nur Randspalten im Feuilleton. Wenn sich diese Berichte dann auch noch dem Shooter-Mainstream widmen, dann können sie nichts tun, als die kreative Erstarrung zu beschreiben. Die Journalisten, die seit Jahren versuchen, anders über andere Spiele zu schreiben, müssen endlich Platz dafür bekommen.

JAN BOJARYN HAT SEHR VIELE VIRTUELLE MENSCHEN ERSCHOSSEN. ER WURDE PAZIFISTISCH ERZOGEN UND MAG KEINE MILITÄR-SHOOTER. ÜBER SCHÖNERE VIDEOSPIELE SCHREIBT ER ZUM BEISPIEL FÜR DIE *INTRO*.

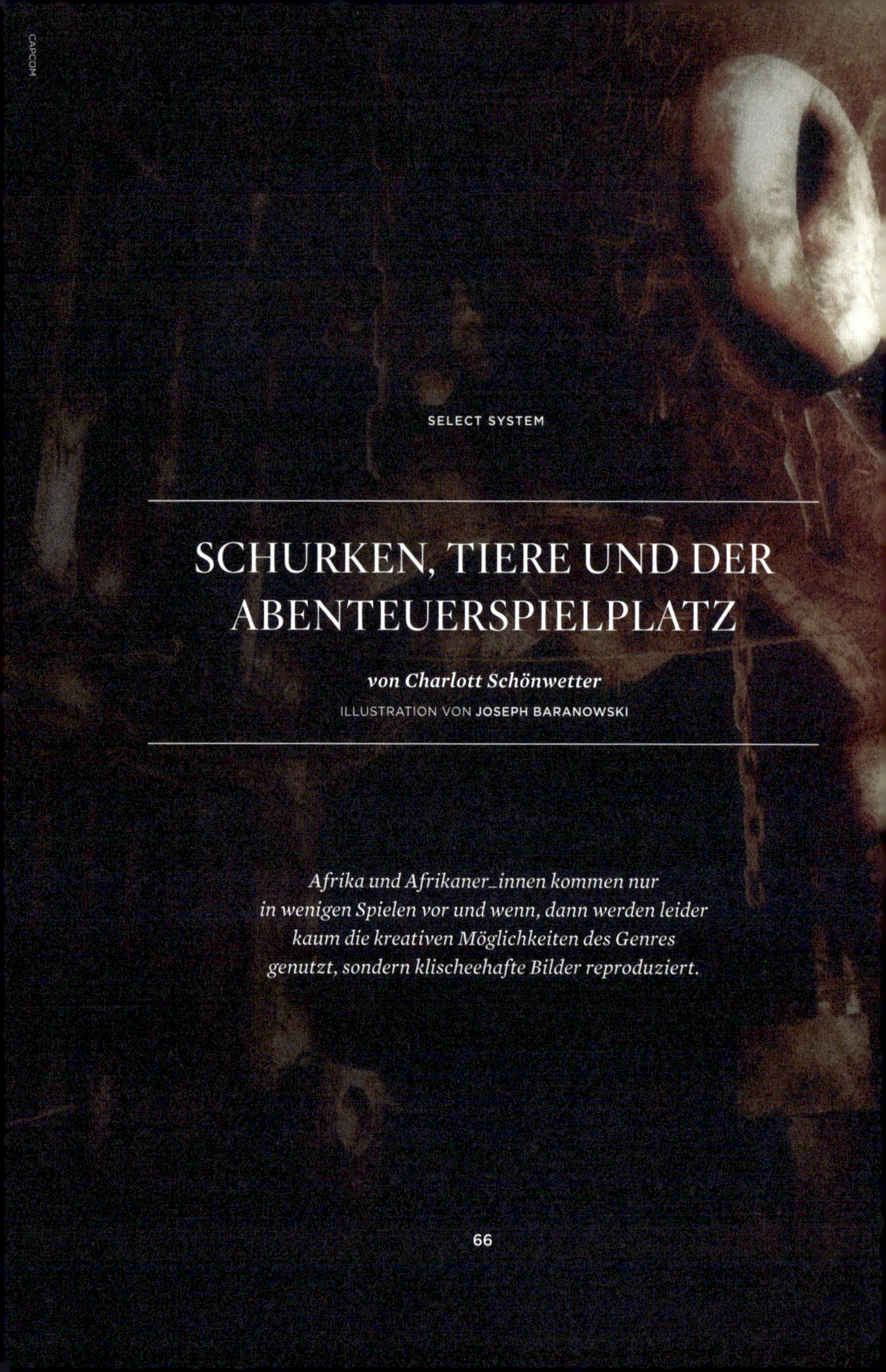

CAPCOM

SELECT SYSTEM

SCHURKEN, TIERE UND DER ABENTEUERSPIELPLATZ

von Charlott Schönwetter

ILLUSTRATION VON **JOSEPH BARANOWSKI**

Afrika und Afrikaner_innen kommen nur in wenigen Spielen vor und wenn, dann werden leider kaum die kreativen Möglichkeiten des Genres genutzt, sondern klischeehafte Bilder reproduziert.

Auf Twitter frage ich: „Welche Spiele kennt ihr, in denen Afrika vorkommt?" Den meisten Antwortenden fallen die gleichen drei Spiele ein: In erster Linie Resident Evil 5, welches seit dem Erscheinen des ersten Trailers im Jahr 2007 für Diskussionen gesorgt hatte. Einer meiner Follower_innen merkt dazu an, dass es um die Darstellung von Afrika in Computerspielen wohl nicht sehr gut bestellt ist.

In diesem Artikel möchte ich mich auf die Rezeption in westlichen Ländern beschränken. Hier tragen Computerspiele zu einem Diskurs über Afrika bei. Sie ergänzen oder wiederholen Bilder aus Fernsehen, Filmen, Nachrichten, Büchern oder Zeitungen und festigen einen Wissensrahmen, mit dessen Hilfe Informationen zum Thema Afrika dekodiert werden. Gerade aber durch die spezifische *Erleben-Komponente*, da der_die Spieler_in nicht nur Informationen aufnimmt, sondern auch in dem geschaffenen Umfeld agiert, können sich hier vermittelte Bilder besonders stark einprägen. Theoretisch könnten gerade in Spielen die kreativen Möglichkeiten genutzt werden, um Gegenpositionen zum Mainstream zu schaffen oder neue Blicke zu eröffnen. Doch leider geschieht genau dies nicht. Vielmehr werden die unterschiedlichen Stereotype re_produziert. So steht der Kontinent im Gesamten als Ort des Bösen, als Abenteuerspielplatz für weiße Held_innen oder als Heimat für wilde Tiere. Afrikaner_innen wird dabei kaum Handlungsraum zugesprochen. Sie werden als Statist_innen dargestellt oder sind das personifizierte Feindbild.

HORT DER MILITANTEN SCHURKEN

Im Mai 2011 veröffentlichte die Internetseite Complex Gaming eine Grafik, in der die Gegner, die in Shootern, die im 21. Jahrhundert spielen, vorkommen, lokal verortet wurden. Dabei wurden Spiele betrachtet, die ab 2000 erschienen. Nicht sehr überraschend, waren die *Schurken* auf Südamerika, Afrika und Asien verteilt (einzige Ausnahme war Deutschland). So müssen in Army of Two Gegner_innen in Somalia überwältigt werden, Delta Force: Xtreme hat den Tschad als Kulisse gewählt und in Tom Clancy's Ghost Recon: Desert Siege geht es nach Äthiopien. Diese Spiele und die mit ihnen einhergehenden Bilder korrespondieren genau mit in westlichen Medien verbreiteten Vorstellungen von Afrika als Krisenherd und Katastrophengebiet. Dabei wird weder groß zwischen unterschiedlichen Ländern und Regionen differenziert noch werden zugrunde liegende Strukturen und Hintergründe betrachtet und hinterfragt. Dass es dabei gar nicht um das konkrete

RESIDENT EVIL 5 (CAPCOM)

Setting geht, zeigt beispielsweise Far Cry 2, in dem in einem „fiktiven Land in Ostafrika" agiert wird. Das medial hergestellte Bild reicht als Hintergrund und durch die Spiele wird die Vorstellung von einer „undurchsichtigen Situation" konstruiert. Afrikaner_innen werden konsequent als Gegner_innen dargestellt, die in den hier genannten Spielen US-Amerikaner_innen gegenübergestellt werden. Damit werden Dichotomien zwischen *Gut* und *Böse* gestärkt.

GRUSELORT

Sehr auffällig geschah dies in Resident Evil 5. Bereits nach der Veröffentlichung des ersten Trailers im Jahr 2007 brachen die ersten Diskussionen los. Eine Vielzahl von Blogbeiträgen widmete sich der Darstellung von Afrikaner_innen in diesem Spiel und benannte die Praxis als klar rassistisch. Die meisten Afrikaner_innen in diesem Spiel sind von einem Virus befallen und stellen die zombifizierte Gegner_innen-Masse. Darüber hinaus gibt es auch

Gegner_innen mit einer Geschichte und Charakter, diese sind natürlich nicht Afrikaner_innen und nicht schwarz.

Die infizierten Menschen in diesem RESIDENT EVIL-Teil werden als *Majini* bezeichnet, ein Swahili-Begriff, der so viel bedeutet wie Geister, Kobolde oder Dämonen. Damit wird noch einmal eine exotisierende Komponente eingebaut und eine Brücke zur verbreiteten Vorstellung von Religionen in Afrika gebaut.

Viele der Fürsprecher_innen des Computerspiels argumentierten, dass in den Teilen der Reihe zuvor ja weiße Menschen zu Zombies geworden wären. Doch damit wird übersehen, dass die Darstellung in unterschiedlichen Machtgefällen verortet sind. Weiße Menschen wurden nicht die letzten hunderte von Jahren als minderwertige Menschen oder gar Unmenschen dargestellt. Gerade aber die Geschichte von Versklavung und Kolonialismus lässt die Darstellung von Afrikaner_innen als Nicht-Menschen in einem vollkommen anderen Kontext stehen. Und das Spiel geht noch weiter: Gleich zu Beginn sieht der_die Spieler_in, wie eine Gruppe von Afrikanern etwas Lebendes in einem Sack zusammenschlägt. Diese Männer aber sind nicht einmal *Majini*. Die Grenze zwischen Infizierten und anderen zivilen Afrikaner_innen wird fließend dargestellt und dabei auf ein Bild von Afrika als *dunkler Kontinent* rekurriert.

DER ABENTEUERSPIELPLATZ

Ein weiteres Genre, welches bisher schon gezeigte Strukturen weiterträgt, sind Abenteuerspiele. In diesen laufen oftmals weiße Figuren umher, lösen Rätsel, finden Dinge und retten nebenher vielleicht auch die Welt (oder zumindest ein wichtiges Projekt). Der/die Weiße soll Abenteuer in möglichst unbekannten und anderen Settings bestehen, Afrika bietet sich da als Blaupause an. Da bei der Zielgruppe wenig Wissen vorhanden ist, prägen Verallgemeinerungen und Klischees das Bild. Somit ist ein Exotisieren des Ortes besonders einfach möglich. Lara Croft und Indiana Jones können so beispielsweise durch Ägypten laufen, sich ihres Held_innen-Status versichern und Menschen aus den entsprechenden Ländern bleiben Statist_innen, die die Geschichte der Weißen unterstützen.

NICHT ZU VERGESSEN: TIERE!

Zum klischeebehafteten Bild tragen die Unmengen an Spielen bei, die sich auf das Tierleben stürzen. Dabei sind konkrete Länder unwichtig und allein *Afrika* reicht als Benennung, da darauf gebaut werden kann, dass bestimmte

Assoziationen geweckt werden. Die Spiele heißen dann einfach nur AFRIKA, oder aber MY ANIMAL CENTRE IN AFRICA, WILDLIFE TYCOON: VENTURE AFRICA und ZOO TYCOON 2: AFRICAN ADVENTURE. Elefanten, Giraffen und Zebras bieten den *positiven* Kontrast zu den sonstigen gewaltvollen Katastrophenbildern. Letzten Endes aber bieten sie keine Alternative, sondern stützen vereinfachte Annahmen.

KOLONISATION ALS FREIZEITSPASS

Bisher nicht erwähnt, möchte ich hier noch einen Punkt nennen, der natürlich nicht allein mit Afrika zu tun hat, aber für mich trotzdem unerlässlich zu dem Themenkomplex gehört. Viele Aufbauspiele (unter anderem natürlich die CIVILIZATION-Reihe) benutzen auf die eine oder andere Weise Eroberung und Kolonisation von Gebieten als ein wichtiges Spielprinzip. Dabei wird selten betrachtet, dass sich nur aus einer bestimmten privilegierten Position überhaupt positiv auf Kolonisation und Eroberungen bezogen werden kann. Kolonialist_innen werden oftmals als Held_innen dargestellt, nicht umsonst ist die Bezeichnung „Entdecker" so stark und positiv geprägt. Spiele, die auf diesem Spielprinzip beruhen, tragen diese Bilder weiter.

Fazit: Viele der bisher entstandenen und beliebten Spiele bauen auf klischeehaften und gefährlichen Bildern auf, die auch in anderen Medien verbreitet werden. Sie machen diese weiter erlebbar und tragen so zu einer vereinfachten, rassistischen Darstellung eines gesamten Kontinentes bei. Einzig etwas Hoffnung sollte machen, dass in den letzten Jahren die Spieleproduktion auch in Ländern Afrikas an Fahrt gewinnt, besonders in Nairobi. Diese Spiele könnten wichtige andere Erzählungen einbringen. Doch dafür müssten sie natürlich auch auf einem westlichen Markt bestehen.

CHARLOTT SCHÖNWETTER ARBEITET ZU AFRIKANISCHEN LITERATUREN UND BLOGGT BEI DER *MÄDCHENMANNSCHAFT*, *FEMGEEKS* UND *AFRIKA WISSEN SCHAFT*. IN DER RAREN FREIZEIT KLICKT SIE SICH DURCH *POINT-AND-CLICK-ADVENTURES*.

VON SOZIALISTISCHEN DRUIDEN UND SURFERDUDES

EINE REISE IN DIE WELT DES POLITIK-ROLLENSPIELS *A MODERN WORLD*

von Christian Alt

Videospiele können komplexes politisches Handeln nur äußerst schwer in Spielmechanik umsetzen. Die Community A MODERN WORLD, *die aus dem Browserspiel* NATIONSTATES *erwachsen ist, verzichtet deshalb auf jedwede Spielmechanik – Politik ist für sie gemeinsames Geschichtenerzählen. Der langjährige Spieler Cassanos hat mich in diese faszinierende Welt eingeführt.*

BUNDESREPUBLIK
NIBELUNC
PERSONAL
AUSWEIS
LAUFENDE NUMMER
AY 883360
KENNBUCHSTABEN DER
AUSSTELLENDEN BEHÖRDE

Uns ist in alten Mæren wunders vil geseit
von Helden lobebæren, von grôzer arebeit,
von freuden, hôchgezîten, von weinen und von klagen,
von küener recken strîten muget ir nu wunder hæren sagen.

Als Max Barry im Jahr 2002 für seinen Roman JENNIFER GOVERNMENT als Marketingaktion ein Browserspiel entwickelte, konnte er nicht ahnen, welchen Erfolg er damit haben würde. Das Spiel gewährt dem Spieler Kontrolle über seinen eigenen Nationalstaat. Jeden Tag muss der selbsternannte Staatenlenker eine wichtige politische Entscheidung treffen, „Issue" genannt. Diese „Issues" haben, wie so oft auch in der realen Politik, keine richtige oder falsche Lösung, vielmehr kreieren und schärfen sie das Bild des eigenen Staats in der eigenen Imagination. Neben den Issues können die Geschicke des Staates nur durch verfasste Forenposts gelenkt werden, die beispielsweise weitere Informationen zur Kultur, Religion, Wirtschaft des eigenes Staates liefern – mehr Spielmechanik bietet NATIONSTATES nicht.

Der Erfolg des Werbespiels ließ nicht lange auf sich warten. Heute zählt das Spiel 3,2 Millionen Staaten, von denen beinahe 100.000 auch aktiv sind. Doch diese große Spielerzahl bringt auch große Probleme mit sich. So ist gut überlegtes und realistisches politisches Handeln ab einer gewissen Spielerzahl nicht mehr möglich, Kriegserklärungen stehen an der Tagesordnung, Bündnisse werden so schnell geschlossen, wie sie gebrochen werden und Rollenspiel ist kaum möglich. Um diesen Problemen zu begegnen, wurde im Jahr 2003, also nur ein Jahr nach dem Start von NATIONSTATES, die Community A MODERN WORLD gegründet. Diese hat sich zum Ziel gesetzt, das Spielgeschehen realistischer zu gestalten. Die Issues werden bei A MODERN WORLD ganz außer Acht gelassen, der eigene Staat wird nur beim gemeinsamen Geschichtenerzählen mit den anderen Mitspielern geformt. Während andere Gruppen das NATIONSTATES-Prinzip auf fantastische Welten anwenden – sogar einen Staat intelligenter Antilopen gab es bereits –, steht bei A MODERN WORLD eine realistische Welt im Vordergrund. Aus dieser einfachen Prämisse entsteht ein spannendes Durchspielen alternativer Weltverläufe, ein kollaboratives „Was wäre, wenn". Der langjährige Spieler und Herrscher der Bundesrepublik von Nibelunc, Cassanos, hat mich in die weitverzweigte Geschichte dieser modernen Welt eingeführt. Denn diese Welt hat sich zwar selbst der geopolitischen Realität verpflichtet, jedoch halten die Spieler sich selbst dazu an, eben nicht reale Nationen nachzuspielen, sondern ausgefallene Staaten samt deren Geschichte zu entwickeln.

Die Bundesrepublik von Nibelunc ist ein Staat, der dem modernen Deutschland nicht unähnlich ist, dessen germanische Wurzeln allerdings noch stark zu spüren sind. Nibelunc erstreckt sich von den heutigen Niederlanden bis in die Slowakei und grenzt dort an die freie demokratische Republik von Beddgelert. Die Einwohner von Beddgelert haben das keltische Druidentum nie abgelegt und sind flammende Sozialisten. Zwischen Nibelunc und Beddgelert liegt das „Grand Empire of the Shield", eine römisch-katholisch geprägte Monarchie, deren kultureller Fokus auf der Viehzucht liegt und die vor kurzem durch eine blutige Revolution erschüttert wurde. Neben Europa sind auch alle anderen Weltregionen besiedelt, zum Beispiel durch einen Staat von Surferdudes in Kalifornien oder ein katholisches Exarchat in Nordafrika. Natürlich gibt es noch wesentlich mehr Nationen, die Spielerzahl schwankt derzeit zwischen zehn und 15 Spielern. Jeder unbesiedelte Landstrich wird von allen Spielern als „Drachenland" angesehen und dementsprechend ignoriert. Die schwankende Spielerzahl macht es oft nötig, halbe Kontinente im Nachhinein wieder als Drachenland zu deklarieren. Sollte ein Spieler sich auf einem anderen Kontinent mit anderen direkten Nachbarn wohler fühlen, wird dies ebenfalls so gehandhabt. So surfen die Surferdudes inzwischen nicht mehr am Pazifik, sondern am Mittelmeer – und alle tun so, als sei dies schon immer so gewesen.

Anders als in Pen-and-Paper-Rollenspielen, bei denen ebenfalls gemeinsam eine Geschichte erzählt wird, entscheiden nicht Würfelglück oder Charakterwert über Erfolg und Misserfolg einer Aktion, sondern vielmehr Kreativität und Planung. Die Spielergruppe entscheidet ad hoc, welcher Zug realistisch war und welcher nicht. Bräche beispielsweise ein Krieg zwischen Nibelunc und dem katholischen Exarchat von Areopagitica aus, so könnte Nibelunc sich nicht darauf berufen, dort seit Jahren Atomwaffen stationiert zu haben. Sogenanntes God-Moding wird von den Mitspielern nicht toleriert. Gelingt es Cassanos aber, über Monate immer wieder Hinweise auf mögliche

Waffentransporte in seine Posts einzubauen, kann er diese dann im Ernstfall auch verwenden. Das eigene Erzählen bestimmt, welche Interaktionen mit anderen Spielern zur Verfügung stehen. Jedoch steht das Besiegen fremder Nationen nie im Vordergrund, die starken Rollenspielelemente führen dazu, dass hier – anders als im NATIONSTATES-Hauptspiel – Handelsabkommen und Diplomatie die Außenpolitik bestimmen. Krieg ist, wie auch in der Realität, nur das letzte Mittel. Durch die Ausführlichkeit, mit der Züge geplant werden müssen, und die unregelmäßige Postingfrequenz ziehen sich einzelne Spielrunden gerne über Monate hin.

Zum einen machen es die im Off-Site-Forum hinterlegten Factbooks neuen Spielern leicht, einen Einblick in die zahlreichen Fehden zu bekommen, zum anderen erkennt man recht schnell, wo der Fokus der einzelnen Nationen liegt. Cassanos, im wahren Leben Historiker mit großem Interesse für Kriegsgeschichte, hat dementsprechend seitenlange Dokumentationen seiner Kriegsgeräte bereitgestellt. Anders der Lenker von Beddgelert: Neben ausführlichen Informationen zu Militär legt er großen Wert auf die Landesküche und -kultur, die er bis ins kleinste Detail ausgearbeitet hat. Lorraine, der Herrscher über das französische Imperium, hingegen pflegt mit Leidenschaft die landeseigene Zeitungslandschaft und erzählt gerne kleine Geschichten aus seinem Land.

Über die letzten Jahre sind viele Spieler gekommen und wieder gegangen, eine Kerngruppe ist allerdings immer geblieben. Per Skype oder IRC bespricht man nicht nur den Fortgang der Geschichte, sondern auch Privates – zahlreiche Freundschaften sind bereits entstanden. Während andere NATIONSTATES-Communitys, die sich in zahlreichen Sonderthreads und Off-Site-Foren organisieren, in Wochen oder Monaten wieder auseinandergehen, feiert A MODERN WORLD im nächsten Jahr sein zehnjähriges Bestehen. Dann wollen sich die Spieler, die aus allen Gesellschaftsgruppen stammen – vom Pfarrer über den Taxifahrer bis zum Studenten –, zum ersten Mal alle in London treffen.

CHRISTIAN ALT STUDIERT GERMANISTIK UND PHILOSOPHIE IN MAINZ UND SCHREIBT ÜBER VIDEOSPIELE UND SERIEN AUF *NEGATIV* (WWW.NEGATIV-FILM.DE). PRIVAT SCHREIBT DER FREUND SCHLECHTER WORTSPIELE AUF *ALTEGEDANKEN.DE*

58% 60 Millionen
Germanen

24% 24,75 Millionen
Kelten

6% 6,2 Millionen
Seldschuken

12% 12,68 Millionen
Andere
(hauptsächlich Byzantiner, Gandvianer und Avarganen)

LEGAL	ILLEGAL	BEDINGT
Polygamie	Sklaverei	Waffenbesitz
Homosexualität *einschl. Heirat und Adoption*	Menschliches Klonen	Prostitution
Abtreibung	Todesstrafe *Ausnahme: Kriegsgericht*	Sterbehilfe
Alkohol	Umweltverschmutzung	Jagd und Fischen
Tabak		Stammzellenforschung
Marihuana		Sexuelle Aktivität
		Nacktheit in der Öffentlichkeit

EINWOHNER Nibelungen
REGIERUNGSFORM Repräsentative Demokratie
STAATSOBERHAUPT Schultheiß Claudia Rogge (SPN)
REGIERUNGSCHEF Ratsherr Johannes Ahler (SPN)
HAUPTSTADT Münster (Munstra)
NATIONALFEIERTAG Tag der Einheit, 3. Oktober

BUNDESREPUBLIK NIBELUNC

RELIGION

ALTERSSTRUKTUR

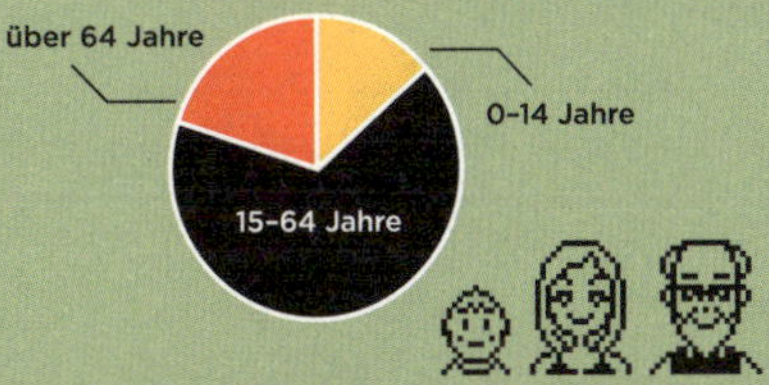

MINDESTALTER

„WIR STEHEN ERST AM ANFANG EINES WANDELS“

Ein Interview mit Benjamin Williams

Homosexualität und Computerspiele, das ist alles andere als ein entspanntes Verhältnis: Beim Online-Spielen fliegen einem ständig Ausdrücke wie „Schwuchtel" um die Ohren, Spiele bedienen in erster Linie heterosexistische Klischees – und wenn's doch einmal ein Spiel mit schwulem Inhalt gibt, ist die Kritik mancher Gamer groß, siehe MASS EFFECT 3. *Kann da eine explizit schwule Games Convention Abhilfe schaffen? Oder kapselt sich die schwule Community mit einer solchen Messe nur ab? Darüber und über vieles mehr sprach Daniel Gehret mit Benjamin Williams, einem der Gründer der 2013 erstmals stattfindenden Gaymercon.*

Benjamin, du bist Co-Gründer der Gaymercon, ich gehe also davon aus, dass du schwul bist und Spiele liebst, richtig?
Richtig.

Wie fühlt man sich als schwuler Gamer im Team Speak bei, sagen wir einmal,* CALL OF DUTY*? Da fliegen einem ja ständig Ausdrücke wie „Schwuchtel" um die Ohren, oder?
Tja, ich muss sagen, dass ich so gut wie alle Online-Spiele meide – und zwar genau aus diesem Grund.

Warum ist die Gaming-Szene so homophob?
Witzigerweise werde ich das oft gefragt – und dabei glaube ich noch nicht einmal, dass es stimmt. Klar, die Interaktion online ist oft krass – was aber vor allem an der Anonymität liegt. Gamer sind meiner Ansicht nach nicht intoleranter oder homophober als der Rest der Bevölkerung.

Warum dann die ganzen Schwuchtel-Beschimpfungen?
Das Problem ist, dass oft die soziale Komponente fehlt: Viele Gamer, die andere als Schwuchtel beschimpfen, hatten nicht die Gelegenheit, Leute zu treffen, die anders sind als sie.

Was eines der Ziele der Gaymercom ist, nehme ich an?
Richtig. Hauptziel ist es, einen Raum für Schwule, Lesben, Bisexuelle, Trans-

Personen und Queere aus der Gamerszene zu schaffen, in dem sie sich sicher fühlen können und das Hauptpublikum sind. Aber: Jeder, wirklich jeder, kann teilnehmen und uns kennenlernen. Es geht einfach darum, andere Menschen als Menschen wahrzunehmen und sie so zu akzeptieren, wie sie sind – ganz egal, welchem Geschlecht sie angehören und wie ihre sexuelle Orientierung ist.

Da hat aber auch die Industrie viel nachzuholen: Obwohl das Ganze inzwischen ein Milliardengeschäft ist, richten sich Spiele sehr oft nur an heterosexuelle junge weiße Männer. Wie kann es sich eine derart große Industrie erlauben, große Teile der Bevölkerung komplett zu ignorieren?
Naja, ich glaube, dass es einen sich selbst erhaltenden Mythos in der Branche gibt – nämlich dass nur heterosexuelle junge weiße Männer Spiele kaufen und spielen.

Und warum hält sich dieser Mythos?
Ganz einfach: Man macht ein Spiel, das sich an diese Gruppe richtet – und sieht sich dann die Verkaufszahlen an. Und siehe da, das Spiel haben vor allem heterosexuelle junge weiße Männer gekauft! Aber nimm die MASS EFFECT-Serie, SKYRIM oder DRAGON AGE – inzwischen gibt es durchaus Spiele, die etwa gleichgeschlechtliche Beziehungen zulassen.

Aber:* THE SIMS *ist vor über zehn Jahren erschienen. Nicht gerade ein Spiel, das sich an dieses Klischeepublikum richtet – und dennoch ist es das meistverkaufte Game aller Zeiten. Hätte man nicht viel früher erkennen können, dass das Publikum deutlich vielfältiger ist?
Wir stehen eben erst am Anfang eines Wandels. Nach und nach werden Spiele tiefer entwickelte Charaktere beinhalten – Frauen, Queere, alle möglichen Leute, nicht nur Macho-Heten. Und dann sehen wir, dass wir Boden gutgemacht haben.

Bedarf für eure Convention ist offenbar vorhanden: Auf Kickstarter hattet ihr in nicht einmal einer Woche euer Spendenziel erreicht. Auch Anita Sarkeesian, die sich der oft ziemlich platten Darstellung von Frauen in Spielen widmet, bekam auf Kickstarter viel Geld – aber auch üble Beschimpfungen und Todesdrohungen. Hattet ihr damit auch zu kämpfen?
So schlimm wie bei ihr war es nicht, aber ja, auch wir bekamen gelinde gesagt negative Reaktionen. Allerdings war der Großteil der Rückmeldungen positiv.

DIE GAYMERCON ist eine Games-Convention, die sich vor allem an Schwule, Lesben, Bisexuelle, Trans-Personen und Queere richtet – aber gemäß des Untertitels „Everyone games" niemanden ausschließen soll. Sie findet erstmals am 3. und 4. August 2013 in San Francisco statt. Auf Kickstarter erreichten die Gründer in weniger als einer Woche ihr Spendenziel von 25 000 Dollar. Insgesamt nahmen sie etwa 90 000 Dollar ein. Die beiden Maskottchen der Gaymercon, Turing und Conway, sind nach zwei queeren Helden der Computerszene benannt: dem homosexuellen Mathematiker Alan Turing, der die Grundlagen der Computertechnik legte, und der transsexuellen Computerwissenschaftlerin Lynn Conway. Einige Kirchen, darunter die radikale Westboro Baptist Church, haben bereits Protest gegen die Gaymercon angekündigt.

★★★★★★★★★★★★★★★★★★★★★★★★★★★★★★★★

Offenbar positiv genug, dass Firmen wie Electronic Arts bei der Messe mitmachen. Hast du manchmal den Eindruck, dass hier vor allem Kasse gemacht werden soll, Stichwort pink money?
Inzwischen realisieren viele, dass es gut fürs Geschäft ist, die queere Szene zu unterstützen. Abkassieren würde ich das aber nicht nennen, eher gutes Wirtschaften.

Daniel Matschijewsky, Redakteur bei GameStar und selbst schwul, hält die Gaymercon für keine gute Idee, weil sie eine Abspaltung der homosexuellen Gamer bedeute. Braucht's wirklich eine schwule Convention?
Zu sagen, dass wir uns mit der Gaymercon abspalten, ist in etwa so, wie zu sagen, dass schwule Filmfeste Homosexuelle davon abhalten, in andere Filme zu gehen. Es ist einfach nicht wahr. Nur weil es die Gaymercon gibt, heißt das noch lange nicht, dass wir nicht auf den anderen Conventions vertreten sind. Ich war beispielsweise dieses Jahr auf der PAX ziemlich aktiv, unter anderem mit einem Panel über Homophobie, das über 200 Leute gezogen hat.

Matschijewsky meinte auch, dass er als seit Jahren geouteter Schwuler noch kein einziges Mal auf einer Messe dumm angemacht worden sei. Wie sind deine Erfahrungen?
Direkte Diskrimination ist selten, es gibt aber viele wie etwa mich, die sich auf den großen Messen an den Rand gedrängt fühlen. Wenn du komplett

DIE TOP-5-CHARAKTERE

von Benjamin Williams

1

FLEMETH (DRAGON AGE)

SIE IST EINE GEHEIMNISVOLLE, STARKE UND WITZIGE FRAU – MIT KATE MULGREW ALS SYNCHRONSTIMME. WAS WILL EIN SCHWULER FANBOY MEHR?

2

THE KING OF ALL THE COSMOS (KATAMARI DAMACY)

DIESER TYP HAT EINE GARDEROBE, DIE SOGAR LIBERACE NEIDISCH MACHT – UND SCHARFZÜNGIGE BEMERKUNGEN, WIE SIE KEINE DRAG QUEEN BESSER DRAUFHABEN KANN.

3

KANJI TATSUMI (PERSONA 4)

EINE GROSSARTIGE UND KOMPLEXE ERKUNDUNG VON SEXUALITÄT, GESCHLECHTERROLLEN UND ADOLESZENZ IN EINER REPRESSIVEN GESELLSCHAFT.

4

MEGA MAN (MEGA-MAN-SERIE)

WER HÄTTE NICHT GERNE EINEN ROBOTER-TYPEN MIT EINEM HERZEN AUS GOLD? SPASS BEISEITE, MEGA MAN 2 WAR SCHON IN MEINER KINDHEIT EINER MEINER LIEBLINGE.

5

BALTHIER (FINAL FANTASY)

SCHWULER HIMMELSPIRAT MIT EINER DRAG QUEEN ALS SIDEKICK.

'NUFF SAID.

von Medien umgeben bist, die sich an heterosexuelle Männer richten, fühlst du dich oft wie ein Eindringling, einfach nicht wertgeschätzt. Immer wenn jemand Medien konsumiert, einen Film sieht, ein Spiel spielt, was auch immer – er wird seine Geschichte suchen. Also muss ich als schwuler Mann, der heterosexuelle Medien konsumiert, diese übersetzen. Ich muss meine eigene Geschichte einbringen. Deshalb stelle ich mir übertrieben weibliche Charaktere wie etwa BAYONETTA als Drag Queens vor. Diese Übersetzung ist sehr, sehr anstrengend – und du merkst das erst wirklich, wenn du Medien findest, bei denen du die Zielgruppe bist, wenn eben jemand anderes deine Geschichte erzählt und du sie nicht immer selbst erzählen musst. Deshalb machen wir die Gaymercon: Um den Leuten einen Platz zu geben, an dem sie die Zielgruppe sind, und um ihnen zu zeigen, dass sie nicht alleine sind.

Wie wird sich eure Messe von anderen unterscheiden? Die üblichen leicht bekleideten Hostessen an den Ständen wird's kaum geben, oder?

Ich denke, dass die Tatsache, dass die Hauptzielgruppe unsere Szene ist, schon Unterschied genug ist. Wie bei anderen Conventions entscheidet dann in erster Linie das Publikum, wie es wird. Ich bin gespannt, was sie daraus machen.

In den 50ern wäre es undenkbar gewesen, dass ein Film mit einem schwulen Thema ein größeres Publikum anzieht – und nun holen Streifen wie „Milk" Oscars. Wo siehst du die Spieleindustrie im Vergleich?

Nun, die Spieleindustrie ist noch relativ jung und wird nach und nach aufholen. Es geht letztlich darum, eine gute Geschichte zu erzählen – und die queere Szene ist ein Schatzkästchen an guten Geschichten!

BENJAMIN WILLIAMS HAT AUF DEM C64 MIT DEM SPIELEN ANGEFANGEN – UND EINFACH NICHT MEHR AUFGEHÖRT. NEBEN KONSOLEN- UND COMPUTERSPIELEN MAG ER KLASSISCHE BRETT- UND ROLLENSPIELE WIE *DUNGEONS & DRAGONS*. ER IST EINER DER GRÜNDER DER GAYMERCON UND LEBT MIT SEINEM EHEMANN JOSH IN SEATTLE.

KZ-MANAGER UND DEUTSCHE S(T)IMULATIONEN

von Balkantoni

Über den KZ-Manager *zu schreiben heißt über schwarze Zahlen, Brüste und verkommene Ingenieure zu schreiben. Das ist so ziemlichdas Einzige, was der folgende Text beweist.*

Der KZ-Manager ist vor allem eins: rätselhaft. Es handelt sich um ein Spiel, das in mehreren Inkarnationen (seit der ersten C64-Version gab es Neuauflagen für die meisten wichtigen Rechnerformate des deutschsprachigen Raums) stets das gleiche, zu erwartende Spielprinzip anbot: Man leitete ein Konzentrationslager und sollte die Ermordung von Juden (oder Türken, je nach Version) verwalten; man verdient Geld durch den Verkauf von goldenen Zahnfüllungen oder Lampenschirmen und wenn die Anzahl Ermordeter zu niedrig wird, erfolgt die Schließung des Lagers aufgrund öffentlicher Unzufriedenheit.

Jenseits dieser Mechanismen ist alles ein Mysterium. Wer waren die Programmierer? Wie stellte man sich die Zielgruppe vor und auf welchem Vertriebsweg erreichte man sie? Die Infamie des Spiels – des Spiels, das bei der Aufzählung von dezidiert rassistischen Spielen zuallererst genannt wird – steht in keinem Verhältnis zu dem, was wir tatsächlich darüber wissen.

Eine Sicherheit, die wir haben, ist, dass das Spiel aus Deutschland stammt: Der Genozid findet schließlich auf dem generischen Skelett einer

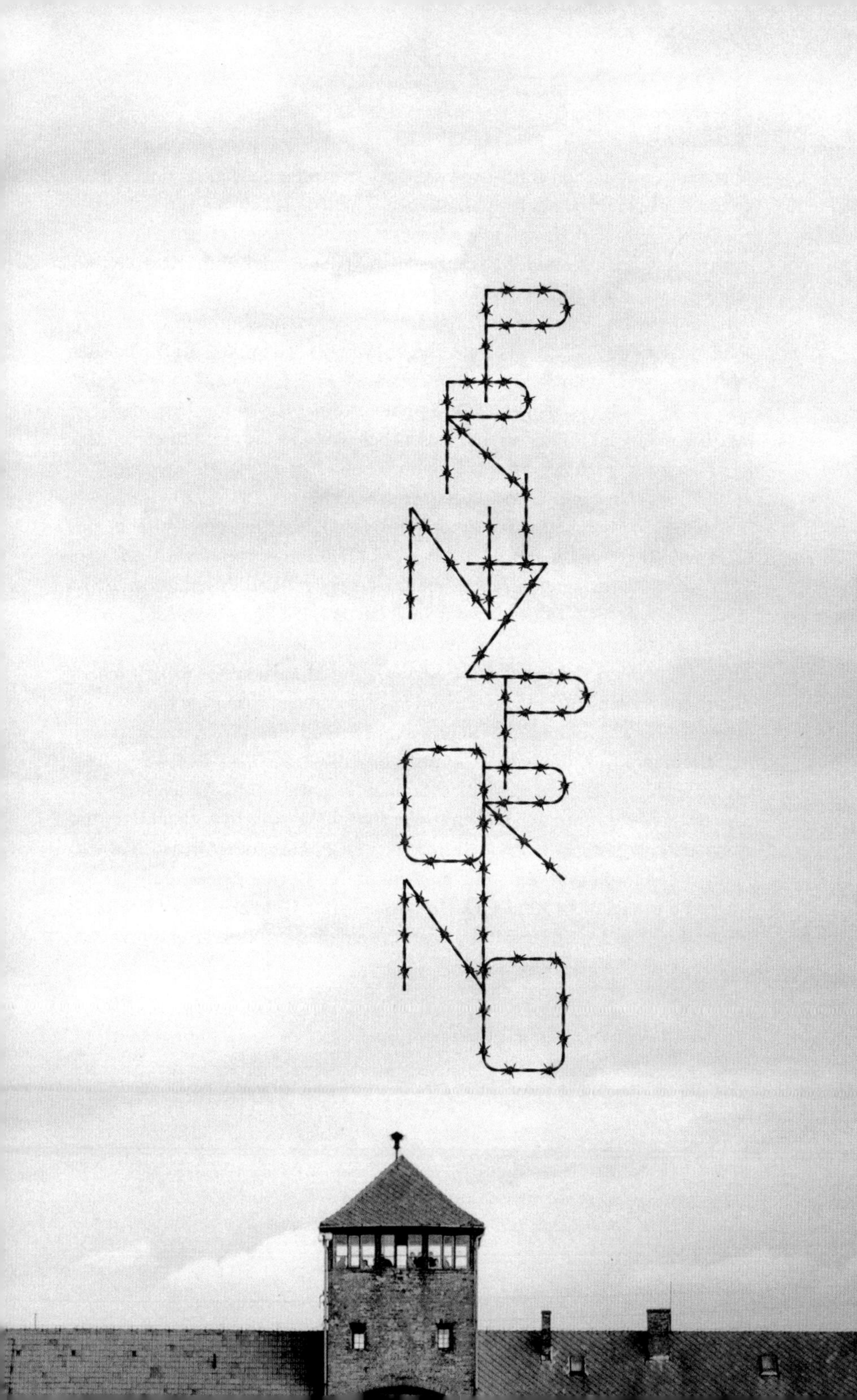

UNTER VERWENDUNG VON: WILLIAMMPARK / EASTVILLAGE IMAGES / SHUTTERSTOCK.COM

Wirtschaftssimulation statt – und dieses Genre gilt außerhalb Deutschlands zu Recht als zärtlich pervers. Die Urheber haben also als biedere Schurken ein Spiel entworfen, das all jenen KAISERN und PLANERN ähnelt, die sie als Heranwachsende gespielt haben; sie suchten dabei mit instinktiver Bauernschläue auch jenes generische Format, das dem Bild des Holocausts als eines Völkermords mit besonderem Verwaltungsmoment nahekommen sollte. Während rassistische Spiele aus Amerika im weitaus triebhafteren Format des Egoshooters veröffentlicht werden, entstand der KZ-MANAGER als Bekenntnis zur Heimat [1]: Das deutsche Verbrechen in einem kernigen deutschen Format; Tabellen und Finanzen sind wesentlich. Dieser Furor teutonicus endete in zu Boden geworfenen Buntstiftmäppchen und gebrochenen Linealen.

Doch was sollte der KZ-MANAGER erreichen? Bei der Entdeckung des Spiels 1991 äußerten Mitarbeiter des Simon Wiesenthal Zentrums den Verdacht, das Spiel solle Jugendliche indoktrinieren – schließlich kannten laut Umfragen 39 Prozent aller österreichischen Schüler das Spiel. Allerdings muss man feststellen, dass der KZ-MANAGER ein Spiel ist, das sich klar an Menschen richtet, die ohnehin dessen Perspektive auf den Holocaust teilen; die Anzahl von Jugendlichen, die das Spiel aus Neugierde am Abnormen angespielt haben, dürfte enorm sein, doch langfristigen Spaß dürften nur richtige Nazis damit gehabt haben. Da der KZ-MANAGER aber nie Teil einer Welt von Stats und Achievements war und werden kann, bleibt die Frage nach dem Verhältnis dieser beiden Spielergruppen offen. Schlichter gesagt: Wir können nicht wissen, ob das Programm bei erlebnisorientierten Neonazis vergleichbar identitätsstiftend gewirkt hat wie SKREWDRIVER-Platten, oder ob es nicht vielmehr schon immer die Existenz eines digitalen Carnie-Freaks geführt hat. Oder gibt es vielleicht Nazi-Hipster, die sich statt Wehrmachtssoldaten und Runen die Pixel des C64er-Titelschriftzugs auf die Schulterblätter tätowieren

---

1 Natürlich ist diese Trennung aber auch nicht so einfach, wie ich sie mir wünsche: Schließlich entstanden in Deutschland mit WET: THE SEXY EMPIRE und BIING auch zwei libidinöse Wirtschaftssimulationen. Doch heißt das, dass *schwarze Zahlen* irgendwann zu stimulieren aufgehört hatten? Musste die *Junge Praline* hinter Excel-Gittern her? Oder war es einfach eine naheliegende Verschmelzung zweier Aphrodisiaka?

2 Da haben wir es wieder!

3 Sollte aber jemand mehr wissen: Sagt uns im Blog Bescheid. No questions asked. No data beyond name and address an Antifa-Kickboxer weitergeleitet.

lassen? Ist einer von ihnen ein Aussteiger, der sich kathartisch Mario tätowieren ließ, bloß um zu begreifen, dass man als Deutscher mit dem Tattoo eines in Japan groß gewordenen Italieners zur wandelnden Achse des Bösen geworden ist? Tauschen sich rassistische Nerds bei ihren heimlichen Lagerfeuern auf irgendwelchen Thingstätten über die Klone des Spiels aus, in welchen man Fantasy-Kreaturen wie Goblins foltern und ermorden konnte?

Es wäre hilfreich, wenn wir wüssten, wer die Spiele programmiert hat – schließlich zeigen gerade die Amiga- und PC-Versionen hinsichtlich des UI und der Grafik, dass die Verantwortlichen mit einer gewissen Professionalität gearbeitet haben. Waren all diese Spiele Werke der Überzeugung? Waren manche Auftragsarbeiten für gescheiterte Funktionäre längst verbotener Parteien und Kameradschaften? Hat *Prinz Porno*[2] – wie sich einer der Programmierer tatsächlich nannte – die *Hamburg Edition* des KZ-MANAGERS vielleicht vor allem aus provokanter Wendung einer zu langen Bier-Bong-Session programmiert? Arbeitete er später semi-geläutert an den SIEDLERN? Keine Ahnung[3]. Ebenso wenig lässt sich feststellen, inwiefern die einzelnen Versionen kommerzielle Produkte waren und in klandestinen Postversänden angeboten wurden.

Kurzum: Wir haben keine Ahnung, was der KZ-MANAGER soll. Meine Spekulationen führen mich offensichtlich (und ironischerweise) immer wieder ins Fantasieren über seine Urheber: Zur Entstehungszeit sicherlich Jugendliche mit zu langen Nägeln auf robusten Wurstfingern, heutige Ingenieure oder IT-Experten – sie haben es geschafft, die Opfer des Holocausts zu verspotten, ohne dass ihnen die Kasse dafür jemals gebührend eingetreten worden ist, und das wissen sie ganz genau. Auch heute, also, glucksen sie manchmal auf, wenn sie daran denken, und dann schauen sie aus dem Bürofenster über das Gewerbegebiet und fühlen sich leicht zuckertrunken – wie man sich eben fühlt, wenn man sich an aufregende Episoden seiner Jugend erinnert. Und dann, kurz bevor ich damit aufhöre, fangen sie an zu fantasieren: Sie träumen davon, sich endlich einen weißen Audi TT Roadster zu kaufen.

TVRTKO ZULJEVIC ALIAS **BALKANTONI** LEBTE IN SARAJEVO, BELGRAD, BRISTOL, NEWCASTLE, MANNHEIM, LANDAU IN DER SÜDPFALZ UND NUN GANZ NEU: IN KAISERS-FUCKIN'-LAUTERN, HOME OF THE AUSNAHMEZUSTAND AM FUSSBALLTAG: HE'S SEEN THINGS YOU PEOPLE WOULDN'T BELIEVE.

MR X

HARDWARE-INGENIEUR

VON WAHLEN UND METAPHERN

von Gunnar Lott

ILLUSTRATION VON **MICHAEL ANEL**

Gunnar Lott will in Spielen mehr wählen und erklärt auch, warum, schweift aber vorher 3 949 Zeichen lang ab.

Die wohlriechende und spielerisch vorgebildete Leserschaft der WASD kennt vermutlich ein Spiel namens GAME DEV STORY von Kairosoft, erschienen anno 2010. Das ist eine Art Wirtschaftssimulation für Geräte mit kleinem i vorne (und mittlerweile auch für Android). Es hat freundliche Pixelgrafik, aber nur ein mittelcleveres und letztendlich recht repetitives Spielprinzip. Eigentlich sticht es aus der Multitude an spielenswerten Smartphone-Spielen nicht groß heraus.

Ich spielte es das erste Mal an einem Sonntagabend, es war 20.35 Uhr, kurz nach dem Beginn einer dreistündigen Zugfahrt von München nach Karlsruhe. Ich erinnere mich an die folgenden Ereignisse nicht mehr genau, aber es war 4.35 Uhr, als ich endlich, mit einem unmenschlichen Akt der Willenskraft, das Smartphone abschaltete. Am nächsten Morgen saß ich übermüdet in der S-Bahn und ertappte mich beim erneuten Starten der App. Es blieb nur die radikale Selbstbestrafung, das Löschen des Spiels.

Es ist nicht so, dass die Mechanik des Spiels es so unabschaltbar gemacht hätte, es ist die Metapher: Man führt darin eine Spielefirma und bringt Konsolenspiele heraus. Und erhält pro Spiel dann Verkaufszahlen. Letzteres ist das Fesselnde: Man könnte schlafen gehen, aber hey, nur noch mal schnell gucken, ob wir mit der 2016er-Version von SERENITY SOCCER endlich die Millionengrenze knacken. Och, nur 895 000. Dann klappt's aber bestimmt mit der Dating-Sim PONYHOF LIVE. Und, oh, Mr X könnte als Hardware-Ingenieur umgeschult werden, dann kann ich eine eigene Konsole bauen – das probiere ich eben noch aus.

Schon ist wieder eine Stunde herum. So ist das zuweilen bei Spielen: Manchmal ist die Metapher so stark, dass die Mechanik fast unsichtbar wird. Bei GAME DEV STORY gibt es natürlich auch ein angenehm nerdiges Zuhausegefühl, das aufkommt, weil man eben eine Spielefirma betreibt und nicht, sagen wir, eine Schuhfabrik. Schuhfabriken sind sicher faszinierend, aber ihre Produkte entfachen nur in den wenigsten von uns eine so tiefe Konsumleidenschaft wie Videospiele. Wichtiger als das Setting selber ist aber die Tatsache, dass die Ergebnispräsentation in Chartpositionen und Verkaufszahlen etwas sehr Bekanntes und Erfassbares ist. Ein gut designtes OBSTHANDEL TYCOON würde kaum weniger Spaß machen, wenn es die bunte Welt der, nunja, Obstmärkte hübsch aufbereiten und die Erfolge des Spielers in nachvollziehbaren Zahlen und Grafiken darstellen würde.

Ich bin kein Gamedesigner, aber mir erscheint es so, dass unter Designern immer viel Wert auf die Mechanik und den Flow und derlei Dinge gelegt wird, aber die Stärke der Metapher als spielspaßtreibendes Element oft zu kurz kommt. Sich von der Mechanik her hochzuarbeiten, ist ein schöner, handwerklicher Bottom-up-Ansatz, gründlich und solide wie der Bau einer Mauer. Der etwas flockige Ansatz, sich von der Metapher oder der Vision herunterzuarbeiten und die Mechaniken auf dem Weg zu finden, steht oft unter dem Verdacht, verkopft-künstlerisch zu sein. Vielleicht. Vielleicht auch nicht. Mitlesende Gamedesigner raufen sich jetzt möglicherweise die Haare, aber Pech: Unter Print-Artikeln gibt's halt keine Kommentare.

Eine meiner Lieblingsmetaphern in Spielen, zumal eine zu selten verwendete, ist die Wahl, die Wahl für ein Amt oder eine Regierung. Wahlen sind eine wahnsinnig starke Metapher für Spiele aller Art – Wahlen sind ja schon in der realen Welt quasi Spiele: die klaren Regeln, die ritualisierte Aktion, die elaborierte Auswertung, die Spannung auf der Zielgeraden. Und am Ende gibt es sogar Punkte, die Prozentpunkte eben, und alle naselang einen neuen Highscore. Die kürzlich erfolgte Präsidentenwahl in den USA war inszeniert wie ein Finale einer Sportveranstaltung.

Erstaunlich eigentlich, dass sich vergleichsweise wenig Spiele dieser zwingenden und gut bekannten Mechanik bedienen. Es würde auf zwei Arten funktionieren, einmal als Metapher für Erfolg, ein Spielziel wäre etwa ein Wahlsieg. Oder als Mechanik, der Spieler sammelt dann aktiv Stimmen für ein Ziel.

Es gibt durchaus eine Reihe von Spielen, welche Wahlen aufgreifen, etwa die großen Titel der Globalstrategie, ALPHA CENTAURI beispielsweise. Dort konnte man als gewählter Weltherrscher immerhin Richtlinien festlegen, etwa den Atomwaffengebrauch verbieten. Auch eine Wirtschaftssimulation wie DIE FUGGER 2, das sowieso ein tolles Spiel ist, integriert das erstaunlich komplex. Da wird man von seinen Peers gewählt und kann die vorher beeinflussen, bestechen, erpressen. Oder auch verklagen, diskreditieren oder aus dem Amt drängen. Und mit dem durch Wahl erlangten Amt lässt sich dann im Spiel auch noch richtig was anfangen.

Mein stärkstes Erlebnis dieser Art hatte ich aber mit dem relativ unbekannten ASCENDANCY, einem 4X-Weltraumspiel in der Tradition von MASTER OF ORION. Dort musste man die Herrschaft über die Galaxis erringen und man konnte das tun, ohne einen einzigen Schuss abzufeuern: Anstatt Planet um Planet zu erobern und Kriege zu führen, hat sich mein friedliebendes Imperium Gunnaria durch Drohungen, Wirtschaftsmacht und geschickte Bündnispolitik in eine so starke Position manövriert, dass die anderen Völker am Ende nicht mehr anders konnten, als mich zum Herrn des Universums zu wählen. Das war mindestens so befriedigend wie DISHONORED durchzuspielen, ohne Wachen zu töten.

In MMOs hingegen gab es nur ein, zwei zaghafte Versuche, eine Wahlmechanik zu etablieren, dabei würde sich das so anbieten: In den meisten Spielen sind die Serverpopulationen überschaubar (die 10 000 Leutchen, die sich auf einem WoW-Server tummeln, entsprechen einem normalen Dorf), die Spieler sind engagiert und ziemlich oft online, die Welten sind komplex genug, um den Aufwand zu rechtfertigen.

Ich bin möglicherweise nicht typisch, aber an der Bürgermeisterwahl für Ogrimmar auf „Silberne Hand“ hätte ich sicher teilgenommen.

Also, liebe Haare raufende mitlesende Gamedesigner, ich bitte darum, dem Thema Metapher im Allgemeinen und den Wahlen im Speziellen in euren Gedanken ein bisschen mehr Raum zu geben. Da geht noch was.

GUNNAR LOTT WAR IN EINEM ANDEREN LEBEN MAL CHEFREDAKTEUR GROSSER UND KLEINER SPIELEMAGAZINE. HEUTZUTAGE SPRICHT ER HAUPTBERUFLICH FÜR EINE SPIELEFIRMA UND WIDMET SICH IN SEINER FREIZEIT ALLERLEI PROJEKTCHEN, AM INTENSIVSTEN DERZEIT DEM RETROGAMES-PODCAST *STAY FOREVER (WWW.STAYFOREVER.DE).*

This requires your immediate attention.

KEIN DRITTER WEG

von Björn Wederhake

Bessere Infrastruktur, bessere Bildung, bessere Lebensbedingungen, eine brutalstmögliche Aufklärung der Verbrechen der zuvor in Chimerica herrschenden Diktatur: Zwei Jahre ist es her, dass ich diese Versprechen zum Amtsantritt abgab. Und um mein Reformprogramm zu finanzieren, habe ich natürlich auch Entwicklungshilfe von kommunistischen Staaten angenommen. Den USA gefällt das nicht: weshalb die CIA den Hafen meiner Hauptstadt vermint, rechtsgerichtete Rebellen trainiert und eine nationale Zeitung übernommen hat, die mit so aggressiven Lügen gegen meine Regierung anschreibt, dass ich die Wahl gegen meinen amerikafreundlichen, erzkonservativen Konkurrenten verlieren werde. Ähnlich hat man immerhin schon 1953 Mohammad Mossadegh im Iran abgeschossen.

Dieses Szenario aus Hidden Agenda (1988) ist mir noch so deutlich im Gedächtnis, weil es mir die Augen in bis dahin ungeahnter Form öffnete. Das Spiel zwang mich in eine Situation, in der ich unverhohlen entscheiden musste, ob ich gewillt war, für das größere Wohl meine eigenen Prinzipien über den Haufen zu werfen. Es schlug mir quasi ins Gesicht und fragte: „Na, wie sieht's aus, Herr Redefreiheit-muss-auch-für-Unappetitliches-gelten?"

Es war nicht so, wie Angela Merkel gerne für sich behauptet, dass mein Handeln in dieser Situation „alternativlos" war. (Obwohl ein Fehler in der Spielmechanik mich tatsächlich teilweise zum alternativlosen Handeln zwang.) Aber mein Handeln war massiv eingeschränkt, mir blieb nur die Wahl zwischen zwei gleichsam unangenehmen Alternativen. Skylla: Die Meinungsfreiheit auch für Lügenpropaganda akzeptieren, die Wahl verlieren und wissen, dass mein Reformwerk einer den Interessen der Großgrundbesitzer dienenden neuen Regierung zum Opfer fallen wird. Charybdis: Gegen meine generellen Prinzipien handeln und die CIA-Zeitung schließen. Ich habe sie geschlossen. Natürlich. Immerhin weiß ich ja, wer ich bin: kein Diktator. Generell bin ich natürlich nicht gegen die Meinungsfreiheit und hier lag eine Ausnahmesituation vor. Normalerweise würde ich nicht so handeln.

Die Welt sah das natürlich anders: Als Autokrat gebrandmarkt isolierte sie mich. Die Weltbank stellte auf amerikanischen Druck die Wirtschaftshilfe ein und obwohl ich die Wahl gewann, musste ich mein Reformprogramm – aufgrund klammer Kassen – nun selber aufgeben. Die Lebenserwartung fiel unter das Niveau der diktatorischen Vorgängerregierung, Schulen verwaisten, die Geschichtsbücher betrachteten meine Regierungszeit als Fehlschlag.

Jim Gasperini hat HIDDEN AGENDA mit der Absicht erstellt, Lernerfahrungen zu ermöglichen. Bei mir ist ihm das gelungen. Das eigene Erleben gab mir einen neuen Blick auf politisches Geschehen und Ereignisse in der Tagespresse. Durch eigenes simuliertes Handeln wurde deutlich, dass es Situationen gibt, in denen Entscheidungsträger abwägen müssen zwischen

wenigen, allesamt unbefriedigenden Handlungsoptionen. Das ist eine relevante Erkenntnis, die sich noch nicht überall durchgesetzt hat: Wer mal einen Blick auf die Leserbriefseiten regionaler und überregionaler Zeitungen wirft oder sich gar in die trollverseuchten Höhlen des SPIEGEL-Forums oder der Kommentarsektionen der FAZ wagt, der kann wundervoll reduzierte Politikkritik erleben: „Warum machen Politiker das schon wieder falsch? Warum entscheiden Politiker nicht einfach mal richtig?“

Wir alle wissen, dass es Situationen gibt, in denen wir in den sauren Apfel beißen müssen und keine Lösung sehen, mit der wir wirklich zufrieden sind. Situationen, in denen wir nur möglichst wenig Schaden anrichten können. Aber den Gedankensprung von dieser Selbsterfahrung hin zur Bewertung von realpolitischen Handlungen, den schaffen wir oft nicht. Da will ich mich nicht einmal herausnehmen.

Das darf kein *Freibrief* sein, aufgrund dessen man Politikern alles durchgehen lässt. Aber vielleicht können Spiele tatsächlich helfen, den politischen Diskurs fairer und verständnisvoller zu gestalten. Johan Huizinga hat die Idee des *homo ludens* geprägt, die besagt, dass Menschen aus Spieleerfahrungen generelle Verhaltensweisen ableiten. Sollte dem so sein, sind wir von unseren Videospielen bisher zu oft betrogen worden. Gerade von Spielen aus dem Edutainment-Bereich, die uns doch eigentlich etwas beibringen sollten. In den 1990ern waren Spiele dieser Art sehr beliebt: DUNKLE SCHATTEN

(1994) hat uns gelehrt, dass der durchschnittliche Nazi-Sympathisant mit wenigen warmen Worten von den Vorzügen multikultureller Gesellschaften zu überzeugen ist, weil ihm ja gar nicht klar ist, wofür Nazi-Ideologie steht. Hilfe für Amajambere (1995) brachte uns bei, dass in Failing States in der Sahelzone nur endlich Europäer ein paar Gegenstände miteinander benutzen müssen, um Lebensqualität und Demokratie zu sichern.

Das *Lügen* gilt aber nicht nur für Edutainment-Spiele. H.L. Mencken, Pate des amerikanischen Zynismus, schrieb einmal: „Für jedes komplexe Problem gibt es eine Antwort, die schlicht, einfach und falsch ist.“ Und diese Lösung ist der dritte Weg, den Spiele anbieten, um uns als Spieler nicht zu frustrieren. Als Beispiel diene hier die Mass-Effect-Reihe: Solange ich meinen Rede-Skill hoch genug halte oder konsequent einer Ideologie folge (dankenswerterweise farbig gekennzeichnet, denn rein inhaltlich sind die Ideologien längst nicht so kohärent, wie Bioware zu glauben scheint), habe ich an fast keiner Stelle im Spiel eine wirklich unangenehme Entscheidung zu treffen. Selbst einen seit Generationen andauernden Krieg zwischen einer Alien-Rasse und den von ihnen geschaffenen Maschinen kann ich beenden, indem ich nur höflich oder laut genug den Anführern mal den Marsch blase. Da ist Mass Effect plötzlich ganz nah dran an Dunkle Schatten. Wirklich unbequeme Entscheidungen – lasse ich im Krieg Zivilisten sterben, damit die Armee Medikamente erhält und so in der Gesamtheit mehr Zivilisten retten

kann? – werden spielerisch an den Rand gedrängt und haben keine wirklichen Auswirkungen auf Spielverlauf oder Ende. Der überwiegende Eindruck bleibt: Es gibt keine Situation, die so vertrackt ist, dass sich nicht ein Kompromiss finden lässt, durch den am Ende alles besser wird. Da sage noch einer, dass in Gefahr und größter Not der Mittelweg den Tod bringe.

Bioware kann natürlich auch anders, wie DRAGON AGE und sogar das spielerisch eher missratene DRAGON AGE 2 bewiesen. In Letzterem wird man als Spieler am Ende vor die Wahl gestellt, entweder der Gruppe der verfolgten und gegängelten Magier zu helfen oder den Fanatikern, die Magier verfolgen. Beide Seiten haben triftige Gründe, warum man sie unterstützen sollte: Einerseits ist Diskriminierung natürlich nicht tragbar. Andererseits werden die Magier diskriminiert, weil das sehr große Risiko besteht, dass Dämonen von ihnen Besitz ergreifen und dann die ganze Welt in den Abgrund reißen. Beide Zielsetzungen lassen sich kaum vereinbaren und versucht man, die übliche Route des Ausgleichs zu gehen, den ehrlichen Makler zu geben, dann zieht das Spiel dem Spieler den Teppich unter den Füßen weg und erzwingt die Entscheidung für eine Seite. Da dies allerdings nicht einmal auf den Abspann eine echte Auswirkung hat, bleibt abzuwarten, ob sie DRAGON AGE 3 tatsächlich beeinflusst. DRAGON AGE lehrt seine Spieler derweil, dass moralisch korrektes Handeln nicht zwangsläufig zum besten Ende führt. In der herrscherlosen Zwergenstadt Orzammar kann man den anständigen, rechtmäßigen Erben auf den Thron hieven oder einen hinterhältigen Intriganten, der zum Erreichen seiner Ziele auch vor Mord nicht zurückschreckt. Der Abspann informiert uns, dass es dem Allgemeinwohl in der Zwergenhauptstadt zuträglicher ist, den Intriganten zum König zu machen, da der weiß, wie er die Interessen Orzammars politisch durchsetzen kann. Machiavelli wäre stolz auf Bioware.

Generell scheinen inzwischen eher Rollenspiele in der Lage zu sein, Spieler in moralisch verzwickte Situationen zu manövrieren oder die Nachwehen ihrer Handlungen zu hinterfragen: Immerhin bieten auch die Spiele aus der WITCHER- oder FALLOUT-Reihe diese Erfahrungen, FABLE III hat es ebenfalls versucht und ALPHA PROTOCOL zwingt den Spieler im Schnitt einmal pro Mission in eine Situation, in der er sich nur für das am wenigsten große Übel entscheiden kann. Vielleicht braucht so etwas narrative Zügel und enge Führung, um zu funktionieren: Politische Strategiespiele leiden hingegen meist darunter, dass Lernerfahrungen vom Spieler ausgehebelt werden, sobald der die Mechanik durchblickt. Shadow President (1993) kommt als hochkomplexer Simulator des US-Präsidentenamtes daher, der verschiedenste Aspekte der Weltpolitik als hochkomplexes Abhängigkeitsgefüge darstellt. Bis man merkt, dass man seine Beliebtheit mit regelmäßigen diplomatischen Gesandtschaften in irrelevante Kleinststaaten leicht auf einem so hohen Niveau halten kann, dass es einem Bevölkerung und Kongress nicht einmal übel nehmen, wenn man aus purer Langeweile das gesamte amerikanische Nukleararsenal auf Kanada abfeuert und den Staat als bessere Kolonie besetzt hält, während die eigene Bevölkerung am Fallout krepiert. Aus dem gleichen Grund ist der Lehrwert von Civilization fraglich.

Oder man nehme Stalin's Dilemma (2000), das wie Hidden Agenda als Lehrwerkzeug gedacht war. Die Lektion: Es gibt Situationen, in denen man dafür sorgen kann, dass es der Bevölkerung gut geht. Und dann kommen die Nazis und übernehmen den Staat, weil man nicht mit gnadenloser Härte und auf Kosten des Lebensstandards die Armee ausgebaut hat. Fable III mit Gulags, quasi. Die tatsächliche Lektion hingegen: Solange ich jeden Bug und jede Designschwäche nutze, kann ich alle Ziele erreichen, ohne dafür Opfer erbringen zu müssen. Vielleicht sind es solche Lektionen, die dazu führen, dass die EZB den Konami-Cheat in der echten Welt ausprobiert und einfach die Gelddruckmaschine anwirft, um die Krise in die Knie zu zwingen.

Ein Spiel sollte – das gehört zu den wesentlichen Kriterien eines Spiels – vom Spieler gewonnen werden können. Darauf haben Spieler ein Anrecht. Ob sie allerdings auch ein Anrecht darauf haben, jedes Spiel perfekt gewinnen zu können, ohne Opfer zu bringen, ohne sich zu kompromittieren, ohne harte Entscheidungen treffen zu müssen, steht auf einem anderen Blatt. Natürlich muss nicht jedes Spiel so etwas bieten, aber würden weniger Spiele dem Spieler den moralisch klaren, einfachen und in dieser Form oft verlogenen dritten Weg anbieten, dann würde das vielleicht zunehmend zu einem Transfer in die richtige Welt führen. Zu der Erkenntnis, dass der einzige Weg, das Spiel *Politik* perfekt zu gewinnen, ist, es nicht zu spielen und stattdessen einfach jede Entscheidung unreflektiert im Spiegel-Forum zu kritisieren. Alternativ kann man natürlich auch diese Lernerfahrung und dic sic vermittelnden Entscheidungen vermeiden. Die schwierigen Entscheidungen der tatsächlichen Spieler lassen sich auch wunderbar auf in der Kommentarsektion des zugehörigen Let's-Play-Videos auf YouTube zerreden.

NOCH BEVOR ER LESEN UND SCHREIBEN KONNTE, WURDE **BJÖRN WEDERHAKE** BEIGEBRACHT, MIT WELCHEN KOMMANDOS ER SPIELE AUF DEM C64 STARTET. ENTGEGEN ANDERSLAUTENDEN GERÜCHTEN SPIELT ER AUCH SPIELE, DIE NICHT MEHR DOS-KOMPATIBEL SIND UND IN UNGERADEN JAHREN AKTUALISIERT ER SOGAR SEINEN WEBLOG *WWW.AGITPOPBLOG.ORG*

(SPIEL-)WELTANSCHAUUNGEN

von Christian Huberts

Spielregeln erschaffen Spielwelten und damit stets auch (Spiel-)Weltanschauungen. Computerspiele können also gar nicht nicht politisch sein, weil ihnen immer Ideologie zugrunde liegt.

ELECTRONIC ARTS INC

ELECTRONIC ARTS INC

Die Mission „Oil Fix It" von FATE OF THE WORLD hätte eigentlich kein großes Problem werden dürfen. Man muss *nur* – mit genug Öl in der Reserve – bis zum Jahr 2080 durchhalten und weltweit den Lebensstandard auf ein solides Niveau bringen. Leider ist Indien dabei ein Flaschenhals: Die ökologischen, ökonomischen, sozialen und politischen Probleme des Landes lassen sich kaum in 60 Jahren lösen. Was in späteren, vermeintlich schwereren Missionen ein realistisches Ziel darstellt – schließlich hat man einige Jahrzehnte mehr Zeit dafür –, scheint mir hier fast unmöglich zu sein. Habe ich „unmöglich" geschrieben? Nun, es gibt da eine recht simple Lösung: einfach die „Gene-Plague Alpha" auf den indischen Subkontinent loslassen und den Großteil seiner Bewohner damit ausrotten. Weil nun fast alle Inder tot sind, sind Umweltverschmutzung, Arbeitslosigkeit und Säuglingssterblichkeit kein großes Ding mehr. Der weltweite Lebensstandard steigt. Problem gelöst. Mission gewonnen.

FATE OF THE WORLD mag ein Serious Game sein, der kalkulierte Genozid an der indischen Bevölkerung erinnert jedoch eher an ein *Killerspiel*. Die Entwickler von Red Redemption haben wohl versäumt, den komplexen globalen Algorithmus ihres Spiels an die kurze Dauer der zweiten Mission ihres Spiels anzupassen. Denn die Agenda von FATE OF THE WORLD ist eigentlich eine andere: auf die Problematik des Klimawandels und mögliche Lösungsstrategien aufmerksam machen – mit allen ökologischen Fallstricken und weltpolitischen Sackgassen. Dabei liefert das Spiel natürlich keine objektive Sicht auf unsere Welt, sondern stützt sich auf die Forschungsergebnisse des Oxford-Professors Myles Allen. Sein wissenschaftliches Weltbild ist es, das wir als abstrahiertes, algorithmisches System vorgesetzt bekommen und spielerisch konfigurieren müssen. Andere Meinungen zur Existenz oder den Folgen des Klimawandels stehen erst gar nicht zur Debatte. Spielregeln sind Ideologie, umso mehr, wenn man sie mit realweltlichem Inhalt ausschmückt. Doch in der Verknappung von Spielvariablen und Erfolgsbedingungen wird aus harmloser prozeduraler Rhetorik – wie der Medienwissenschaftler Ian Bogost die Überzeugungsstrategien des Computerspiels nennt – schnell eine ideologische Weltanschauung, die auch einen Genozid duldet.

Auch die CIVILIZATION-Serie gilt allgemein als pädagogisch wertvoll und steht nicht im pauschalen Verdacht, das Abendland zu zerstören. Dass sie jedoch eine Ansammlung rassistischer Stereotypisierungen und abendländischer Geschichtsverzerrung ist, fällt den Spielerinnen und Spielern im reibungslosen *Noch eine Runde!*-Flow nicht mehr so schnell auf wie noch bei FATE OF THE WORLD. Ganze Völker werden hier unter charakterisierenden Variablen zusammengefasst – etwa *aggressiv, expansionistisch* oder *kommerziell*. Andere hingegen werden gleich ganz zum Völkermord freigegeben. Laut der „Civilopedia“ von CIVILIZATION IV sind „old-style hunter-gatherers“ nämlich aggressive Barbaren: „They must be destroyed – before they destroy you!“ Man kann keine Diplomatie mit ihnen betreiben und ihre KI ist eingeschränkt – auf spielmechanischer Ebene ähneln sie Wölfen, Bären & Co. Die Dörfer der „barbarians“ heißen dabei beispielsweise „Cherokee“, „Apache“ und „Ainu“. Völkermord an primitiven Kulturen ist anscheinend – schenkt man den Spielregeln von CIVILIZATION Glauben – kein Problem für den Hersteller Firaxis, es sind ja schließlich keine großen, sesshaften Zivilisationen, sondern lediglich wilde, nomadische Tiere.

Aber nicht nur rassistische Ideologie ist in Spielsystemen codiert: Warum sind unsere „Sims“ eigentlich nur glücklich, wenn wir immer mehr Geld und materielle Besitztümer anhäufen? Robin Burkinshaw, ein Game-Design-Student aus England, hat versucht, THE SIMS 3 als obdachlose Kleinfamilie – Vater und Tochter – zu spielen beziehungsweise von der KI des Spiels kontrollieren zu lassen. Alice und Kev schlafen auf Bänken, klauen Essen und suchen verzweifelt nach menschlicher Nähe, wenn sie sich nicht gerade gegenseitig anschreien [1]. Glücklich sind sie nie, dazu fehlen ihnen ein eigenes Heim und ausreichend „Simoleons“, die offizielle Währung von THE SIMS. Kapitalismus pur. Mehr ist immer gleich besser, ebenso in CIVILIZATION. Entgegen historischen Zusammenhängen folgt Geschichte hier einer präsentistischen Ideologie: Die beste aller möglichen Zeiten ist stets die Gegenwart und überhaupt sind Fortschritt und Zivilisationsprozess das Maß aller Dinge. Ein produktives *Weniger* oder ein balancierendes *Zurück* gibt es nicht. Der definierte Zielzustand des Regelsystems drückt dem Computerspiel unweigerlich eine auf Steigerung und Anhäufung basierende Weltanschauung auf. Die passenden Stereotype folgen auf dem Fuß: hier die glückliche Mittelstandsfamilie, dort die stinkenden Penner. Hier die reiche, kultivierte Zivilisation, dort die aggressiven, kulturlosen Wilden. Ganz wie in der Realität – vermeintlich.

---

1 Die ganze Geschichte von Alice und Kev gibt es hier nachzulesen: http://aliceandkev.wordpress.com/.

Glücklich
sie nie sind

Computerspiele bilden nicht die Realität ab – das wollen und schaffen nur die wenigsten digitalen Spiele. Vielmehr dienen die – leider etablierten – *realistischen* Stereotypen als Hilfsmittel, um komplizierte Spielregeln möglichst schnell verständlich zu machen. Der Medienwissenschaftler Claus Pias bezeichnet das als „Produktion von Übergangswahrscheinlichkeit". Leicht durchschaubare Prinzipien helfen uns dabei, komplexe Systeme einfach nachvollziehbar und damit intuitiv nutzbar zu machen. Wenn wir in einem beliebigen Beat'em up mehr auf Agilität als auf Robustheit abfahren, liegen wir mit einem weiblichen Charakter meist genau richtig. Und Menschen mit Turban sind auf modernen Schlachtfeldern quasi sofort zum Abschuss freigegeben. So sagt uns zumindest die Erfahrung. Und ja, das ist sexistisch und rassistisch, aber es funktioniert. Populäre Ratgeber zu Game-Design empfehlen darum explizit den Gebrauch von Klischees. So Scott Rogers in LEVEL UP! – THE GUIDE TO GREAT VIDEO GAME DESIGN: „Stereotypes are stereotypes for a reason: They're easy for the viewer to understand. Don't be afraid to use them."

Warum aber nicht neue, weniger ideologisch aufgeladene und verletzende Stereotypen finden, die sich ebenso als mentale Modelle für die abstrakten Prozesse von Computerspielen eignen? Ein Großteil der Entwickler ist schlicht nicht selbstreflektiert genug oder einfach zu faul, um diesen kleinen Gedankenschritt zu wagen. Auch Publisher haben wenig Interesse daran, finanziell erfolgreiche Rezepte aufzugeben. Hinzu kommt, dass die Spielerschaft ebenso an ihren stereotypen Ideologien hängt. Als die Medienkritikerin Anita Sarkeesian ankündigte, eine Videoserie zu sexistischen Tropen im Computerspiel [2] zu starten, wurde sie massiv von männlichen Spielern angefeindet. Die Attacken reichten von wüsten Beschimpfungen und Drohungen über Vandalenakte an ihrer Wikipedia-Seite bis hin zu einem Flashspiel, in dem man die Bloggerin verprügeln kann. Im Computerspiel haben Frauen eben entweder passiv zu bleiben – ich schaue da in deine Richtung, Ashley Graham! – oder aber als sehr aktive Wichsvorlage zu dienen – ja, Mai Shiranui, du bist gemeint! So zumindest die – polemisch zugespitzte – Ideologie hinter dem Shitstorm.

Dem Medium Computerspiel selbst kann man jedoch nicht die Schuld an den schon viel älteren Weltbildern geben, für die sie schlicht eine ideale

2 Die fertigen Videos gibt es bald hier zu sehen: www.feministfrequency.com.

Projektionsfläche bieten. Als Speerspitze der Digitalisierung bringen Computerspiele allerdings auch ihre eigene Ideologie mit, die ebenso subtil wie problematisch ist. Wo die Welt des Analogen fließende Übergänge und Kontinuität erlaubt, bevorzugt die digitale Welt eindeutige Grenzen, klares *Weniger/Gleich/Mehr* und unmissverständliches *Draußen/Drinnen*. Graustufen lassen sich hier nur noch suggerieren, dem Digitalen liegen immer scharfe Entscheidungsprozesse zugrunde: Eins oder Null. Kein Wunder also, dass radikale Ideologie so gut an das digitale Spiel andocken kann, denn auch hier geht es um binäre Unterschiede und scharfe Abgrenzungen. Männer sind stärker als Frauen = *true*. Die Cherokee sind eine kultivierte Zivilisation = *false*. Schöne neue digitale Weltordnung.

Das wäre halb so tragisch, wenn sich die Ideologie des Digitalen nicht ihren Weg zurück in die analoge Welt bahnen würde. Gerade Phänomene wie die allseits gehypte *Gamification* machen deutlich, dass die Übertragung der Ideologie des Computerspiels auf unseren Alltag in vollem Gange ist. Das Feilschen um Facebook-Likes, die territorialen Auseinandersetzungen auf Foursquare und die permanente Steigerung von Punktesystemen wie Payback oder NikeFuel haben den Alltag vieler Menschen bereits jetzt von einem analogen Kontinuum in ein digitales Netzwerk diskreter Vergleichs-, Abgrenzungs- und Steigerungsprozesse gewandelt. Sicherlich kein apokalyptisches Szenario, aber ein guter Grund für die breite Vermittlung von „Gaming Literacy" – wie der Game-Designer Eric Zimmerman die Kompetenz nennt, komplexe Spielsysteme zu verstehen. Denn wenn künstliche Intelligenzen schon heute an der Wallstreet nach diffusen Regeln mit *High Frequency Trading* die Weltwirtschaft beeinflussen und ganze Gesellschaften ihr AAA+-Rating aberkannt bekommen, ist es höchste Zeit, die Ideologie dieser realen Spielwelten zu hinterfragen. Denn so absurd scheint der Genozid von FATE OF THE WORLD dann auch nicht mehr.

Die Variablen sind bereits verteilt, es muss nur noch das falsche Spielziel definiert werden: Mission gewonnen?

CHRISTIAN HUBERTS IST EIN MÄCHTIGER KULTURWISSENSCHAFTLER. WER GUTE ALTERNATIVEN ZU DEN VERBUGGTEN DIALOGRÄTSELN UND FETCH-QUESTS DER AKADEMISCHEN WELT KENNT, SAGE IHM BITTE BESCHEID: *CHRISTIANHUBERTS.DE*.

DIE TETRIS-THESE

von Martin Jüstel

Weltbilder gibt es viele. Beispielsweise von Isaac Newton, welches für viele Menschen bis heute funktioniert wie eine gut geölte Maschine. Oder ein noch älteres, wonach Gott in sieben Tagen die Welt erschaffen hat. Über den Wahrheitsgehalt der Theorien wird seither gestritten. Aber warum können sie nicht einfach alle Recht haben?

Der eindrucksvollste Satz, den ich aus dem sonst wenig beeindruckenden Physikunterricht mitgenommen habe, lautet: „Es kommt alles auf das Bezugssystem an.“ Und da ich in meiner Kindheit lieber Game Boy spielte, als mir mathematische Formeln oder das Vaterunser einzubläuen, benötigte ich ein Bezugssystem, das zu mir passte. Ich wählte TETRIS. ¶ Angefangen hat es im „Computer Club“. Es waren die frühen Neunziger und wir verabredeten uns regelmäßig im Kinderzimmer, um exzessiv Game Boy, NES oder Super Nintendo zu spielen. Meistens drückten wir Knöpfe, manchmal führten wir Gespräche. Felix erklärte mir einmal, dass die Außerirdischen im Fernsehen nur deswegen wie Reptilien, Insekten oder Humanoide aussehen, weil das die einzigen bekannten Formen sind, die sich Menschen als Lebewesen vorstellen können. Das Abstrakteste seien Lichtwesen, aber dort ende unser kreativer Horizont auch schon. ¶ Ich habe Felix schon lange nicht mehr gesehen und frage mich mittlerweile, ob er vielleicht selbst nur ein Lichtwesen war. Seine Erläuterungen erhellten jedenfalls etwas in mir: Ich dachte nun vermehrt darüber nach, wie die Welt aussähe, wenn man sie nicht über seine Sinnesorgane interpretieren müsste. Einfach mal aus dem Menschsein ausklinken und einen neutralen, ungetrübten Blick auf seine Umgebung werfen. Anfangs stellte ich mir die nackten Informationen tatsächlich als vernetzte Lichtblitze vor. Eine lila leuchtende 3D-Matrix, in der sich dann aber meist die üblichen Formen manifestierten: Häuser, Bäume, Menschen. ¶ Dann hatte ich eine bessere Idee. Seitdem sehen Informationen bei mir aus wie Tetrissteine. ¶ Tetrissteine sind das A und O in meinem Weltbild – die Elementarteilchen des Universums. Alles ist daraus aufgebaut. Materie, Gefühle,

Regierungen. Selbst das Nichts ist nicht Nichts, weil es ja die Information in sich trägt, nichts zu sein. ¶ Jeder dieser Tetrissteine repräsentiert eine andere Information: Es gibt kleine, unkomplizierte – wie zum Beispiel die Farben. Und dann sind da immer größere, höherkomplexe, die sich gleich aus mehreren Tetrisblöcken zusammensetzen. Solche Informationen tragen dann beispielsweise Titel wie „Quantenphysik" oder „die Heilige Schrift". ¶ Die reine Informationsmasse, aus der die Welt besteht, prasselt unentwegt auf unsere Sinnesorgane ein. Milliarden von Tetrissteinen fallen jede Minute in unser Bewusstsein. Wir können sie steuern, drehen, bewegen und immer dort einbauen, wo sie uns am sinnvollsten erscheinen. So interpretieren wir die Informationen und geben ihnen erst eine Bedeutung. ¶ Alles, was wir je erlebt haben ist also nichts weiter als eine gigantische Skulptur aus unzähligen Tetrissteinen. Keine gleicht der anderen. Jeder Mensch hat seine ganz individuelle Form kreiert und fügt seinen bestehenden Eindrücken unentwegt neue hinzu. Jeden Tag bauen wir weiter und weiter an uns selbst – bis wir eines Tages Game over sind. ¶ Als Kind habe ich mich auch oft gefragt, wie die Welt durch die Augen anderer Menschen aussehen mag. Man glaubt ja fast zwangsläufig, dass wir alle das Gleiche sehen, aber beweisen kann man das letztendlich nicht. Felix könnte ja alles, was ich als rot erkenne, blau wahrnehmen. Wir wären aber trotzdem in der Lage, ganz normal darüber zu sprechen, weil wir ja beide gelernt haben, die Farbe mit dem Wort „rot" zu bezeichnen. ¶ Kommunikation ist für das Tetris-Universum ein ganz entscheidender Faktor. Möglich wird sie durch das mitgelieferte Dialogkabel, das unseren Game Boy mit den anderen Game Boys dieser Welt verbindet. Wenn wir kommunizieren, kopieren wir einen Ausschnitt aus unserem Tetris-Gebilde und senden ihn an einen Empfänger. Das Tetris-Paket fällt anschließend in dessen Bewusstsein und er kann es dort dementsprechend einbauen. ¶ Diese Art von Copy-and-Paste-Kommunikation passiert ständig, immer und überall: wenn wir sprechen, gestikulieren oder einfach nur sehen und gesehen werden. Nicht jede Äußerung kommt dabei genau so beim Gesprächspartner an, wie sie gemeint war. Es ist ja immer der Empfänger, der entscheidet, wie er die Informationen in sein System integrieren will und wie die Aussage zu verstehen ist. ¶ Wenn es dem Tetris-Spieler gelingt, eine Reihe horizontal zu füllen, so hat er etwas verstanden, gelernt oder begriffen. Die Reihe blinkt kurz auf und verschwindet in eine verborgene Metaebene. Das ist ein unsichtbarer Zwischenspeicher, vergleichbar mit dem Unterbewusstsein oder der Programmierung des Spiels. ¶ Die gelöste Reihe macht auf der Bildschirmebene Platz für neue Informationen und wird in der Metaebene zu einem unterbewussten Teil unseres Selbsts. Von dort aus beeinflusst sie nachhaltig unser Spielverhalten: Zukünftige Tetrissteine werden nach neuen Kriterien abgelegt. In der Metaebene sitzen grundlegende Persönlichkeitsstrukturen. Erbmasse, Erziehung und Sozialisation – alle diese Einstellungen, die so schwer zu ändern sind, werden in diesem Bereich abgespeichert und ständig weiterentwickelt. ¶ Mag sein, dass sich der Sonnenaufgang an Gottes Gebote oder Newtons Gesetze hält. Noch viel tiefer als diese Vorstellungen sitzt aber die Ansicht, dass er jeden Tag tatsächlich passiert. Das Bild ist so fest in unserer Metaebene verwurzelt, dass es uns schwer fällt, es in Frage zu stellen. Wir kommen heute einfach nur sehr schwer an diese ursprüngliche Wahrnehmung heran und es scheint uns unmöglich, so viele Reihen zu lösen, um diese Manifestation anderweitig zu interpretieren. ¶ So steht es um die meisten grundlegenden Körperfunktionen und Sichtweisen. Alle werden uns in die Tetris-Wiege gelegt, bevor wir bereit sind, die Tetrissteine bewusst abzulegen. Mit jeder Fortpflanzung entsteht dieser, uns alle ähnlich machende Stamm aus Tetris-Formationen aufs Neue. Durch ihn können wir uns erkennen, verstehen und ähnliche Blickwinkel teilen. Alle Menschen, Tiere, Pflanzen und Planeten teilen mehr oder weniger von diesem Stamm, wodurch wir besser oder schlechter miteinander kommunizieren können. ¶ Letzten Endes sind wir also alle ein und dasselbe Ding: eine Tetris-Säule. Mal größer und mal kleiner. Mal strukturierter und mal zerstreuter. Und weil dabei selbst das Nichts etwas sein darf, ist mit so einem Weltbild eigentlich nichts unmöglich. ¶ Im Informationszeitalter, in dem wir nicht wissen, was wir glauben sollen, in dem wir uns nicht sicher sein können, was fake oder real ist, gibt mir TETRIS Halt. Denn es geht gar nicht um die Wahrheit. Es geht einzig um die Wahrnehmung. Und dabei sind alle Sichtweisen erlaubt und keine Lösungsansätze verboten. Wer TETRIS spielt, kennt kein objektives wahr oder falsch, sondern nur ein subjektives interessant oder uninteressant. ¶ Jeder interpretiert die Informationen in seinem Rahmen und auf seine Art und Weise. Manipuliert werden kann natürlich trotzdem, aber es ist einfach weniger schlimm. Unsere Medienwelt lässt ihre meinungsmachenden Tetrissteine in hohen Auflagen in die Game Boys fallen und wer die allgemein beste Geschichte erzählt, dem schenkt man Glauben. Aber wenn man sich dessen bewusst wird, dass es eben nur Meinungen sind, dann lassen sich viele Sachverhalte auch relativieren. Das hilft zum Beispiel, die Angst zu besiegen, weil jede bedrohliche Behauptung ihre Allgemeingültigkeit verliert. Ich kann Sachen immer auch anders sehen und glaube, vor Faschismus und Fanatismus ganz gut geschützt zu sein. ¶ Andere Weltbilder behaupten vielleicht, dass ich es mir zu einfach mache. Aber das ist ja selten etwas Schlechtes? Es ist schon in Ordnung, wenn die Welt ein Stück mehr „Warum nicht?“ und ein bisschen weniger „Ja, aber“ wird. Und ernst nehmen sollte man das Ganze sowieso nicht – das ist ja die Quintessenz. ¶ Ein Satz, der ebenfalls von meinem Physiklehrer stammen könnte, lautet: „Einbildung ist auch eine Bildung.“ Den finde ich auch gut.

MARTIN JÜSTEL ARBEITET ALS WERBETEXTER. AUF SEINEM BLOG *WWW.STERNSCHRITT.COM* VERSUCHT ER GERADE OHNE ZUCKER-, FASTFOOD-, ODER SCHWEINEFLEISCH-TETRISSTEINE AUSZUKOMMEN.

A *Roy*

B *Rock*

C *Stars*

D *Alfred*

„REGGEN MUSS DEUTLICH SCHNELLER GEHEN!“

Ein Interview mit Barack Obama

INTERVIEW UND ILLUSTRATION VON ALEXANDER RIDLER UND FLORIAN SCHORLE

Acht Wochen nach knapp gewonnener Wahl trifft John Kimble, Reporter bei der New York Times, den Präsidenten Barack Obama zum Interview. Der wirkt verwirrt, abwesend und weltfremd ...

Wie würden Sie objektiv betrachtet Ihren Wahlkampf einschätzen?

Nach dem verlorenen ersten Fernsehduell haben wir die Strategie drastisch geändert und das Ruder herumgerissen. Wir wissen ja: Die heutige Jugend ist an Politik nicht interessiert. Fragen Sie einen Teenager von heute mal, wer Jefferson war, und Sie bekommen keine Antwort. Fragen Sie jedoch nach Illidan oder Arthas, könnten manche Jugendliche Ihnen Doktorarbeiten zur Raidtaktik runterbeten. Da war mir sofort klar, dass da angesetzt werden muss, um Wähler zu mobilisieren, die sonst nie zur Wahl gehen würden.

Statt in die Demokratenhochburg New Orleans zu fahren, um dort Stammwähler zu mobilisieren, haben Sie laut Aussage Ihrer Frau die ganze Nacht in einem Raid verbracht, um „Aggro" auf ich zu ziehen und den Boss „wegzutanken". Waren Ihnen die Level-ups an dieser Stelle wichtiger?

Ich nehme an, Sie spielen hier auf die Zeiten an, die ich mit meinen Anhängern auf den Hochebenen von Durotar verbracht habe. Das war absolut notwendige Basisarbeit.

Hielten Sie es des Weiteren für eine gute Idee, auf der Heimreise die Blizzcon besucht zu haben? Verkleidet als Nachtelf?

Auch das war ein voller Erfolg. Die Blizzcon wird von bis zu 26 000 potenziellen Wählern besucht. Ich war ja auch nicht alleine. Wir waren außerdem mit unserem Clan, den White-HouseClerks, representen und haben erfolgreich das PvP-Tunier für uns entscheiden können. Das nenne ich mal Publicity.

Wo Sie gerade Ihren Clan erwähnen: Aus unbestätigten Quellen haben wir erfahren, dass Sie Ihren Sicherheitschef und große Teile des Secret Service dazu gezwungen haben, an einem Raid teilzunehmen und den gesamten Loot bei Ihnen abzuliefern.
Es ist natürlich selbstverständlich, dass der Secret Service mich auch auf virtuellen Reisen begleiten und beschützen soll und so kam es schon vor, dass Teile des Teams bei dem ein oder anderen Raid dabei gewesen sind. Diese Mitglieder haben allerdings eine spezielle Ausbildung bekommen in der sogenannten Digital Extremely Professional Protection, kurz DEPP. Andernfalls wäre es ihnen auch nicht möglich gewesen, derart lange für mich Gegner zu pullen und vor dem Rechner zu sitzen, ohne einzuschlafen.

John Kimble stockt und sortiert seine Unterlagen neu. Während Barack Obama sein iPhone aus der Tasche zieht, versucht er, das Interview an einer anderen Stelle fortzusetzen.

Herr Obama, wie stehen Sie zu folgenden Themen? Wirtschaft?
Die Geldpolitik der Zentralbank muss wieder stärker Einfluss nehmen auf die Volkswirtschaft in WORLD OF WARCRAFT und dabei den Leitzins deutlich senken. Die Kosten für eine einfache Kriegsgleve von Azzinoth sind in letzter Zeit rasant gestiegen und das trifft vor allem den einfachen Amerikaner.

Außenpolitik?
Diverse grenzübergreifende Raids müssten mit größerer Härte und weniger Verlusten durchgeführt werden. Das Verteidigungsministerium entwickelt deswegen gerade Drohnen-Bots, die völlig eigenständig Creeps angreifen und Newbies eskortieren.

Was zur … Gesundheitspolitik?
Reggen muss deutlich schneller gehen. Aber es ist auch das Individuum gefragt, sich solidarisch zu verhalten und den Mitbürger auch einmal zu rezzen. Der Staat kann nicht alles leisten.

Werden Sie jetzt, wo Sie genug Zeit haben, auch weiterspielen?

Nach der Wahl werde ich mich natürlich wieder verstärkt auf mein Amt konzentrieren müssen, aber die Zeit, um bei den Wählern sein zu können, nehme ich mir immer.

Die Wahl ist ja nun aber seit acht Wochen vorbei …
Was sagen Sie?! Moment mal … Sie konfrontieren mich hier mit Behauptungen, von denen ich … *(stockt)* Welchen Tag haben wir denn heute?

Wir haben bereits Neujahr. Heute ist der 16. Januar.
AHA! Ausgezeichnet! Dann kommt ja nächste Woche schon das neue Update!

Mr. Obama? Geht es Ihnen gut?
Was? Aber sicher! Wenn Sie mich jetzt entschuldigen – ich habe in 20 Minuten einen wichtigen Raid am Niuzao-Tempel. Wünschen Sie mir Glück!

ALEXANDER RIDLER UND **FLORIAN SCHORLE** SIND DIE *TELEDUDES*. AUF IHREM YOUTUBE-KANAL (YOUTUBE.COM/TELEDUDES) BEFASSEN SIE SICH MIT ALLEM, WAS AUF EINEM TELEGERÄT STATTFINDEN KANN UND VERSUCHEN DABEI IMMER, IHRE SCHOKOLADENSEITE ABZUFILMEN.

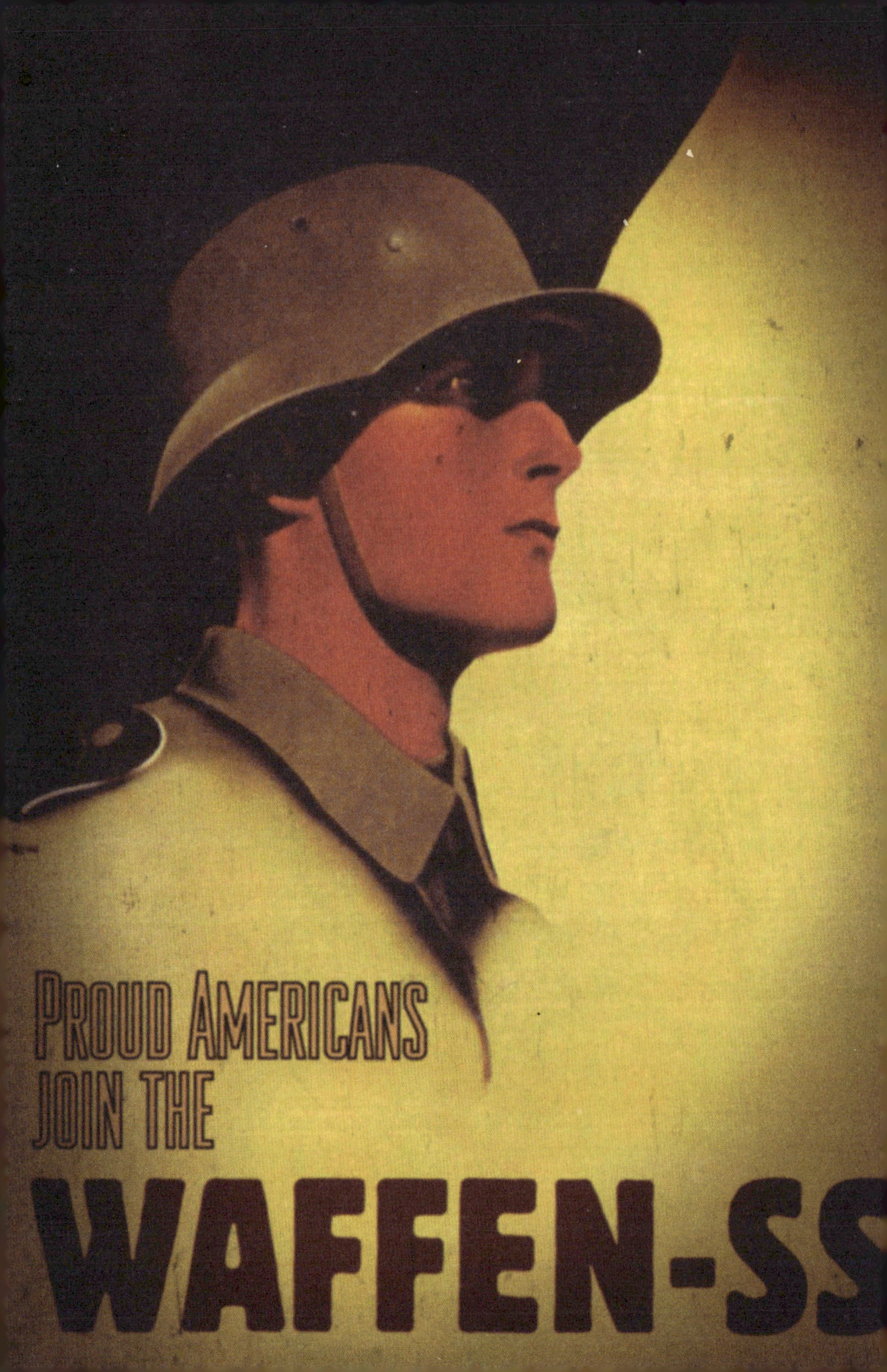
PROUD AMERICANS
JOIN THE
WAFFEN-SS

BAUARBEITER! POLITISIER! DICH!

... UND WENN AUCH NUR MIT DEM STURMGEWEHR ...

von Rudolf Inderst

Starten wir von vorne. Nämlich mit der Produktbeschreibung des Publishers: „Was wäre passiert, hätte Winston Churchill einen Verkehrsunfall im Jahre 1931 in New York nicht überlebt? Was, wenn sich die USA nicht den Alliierten im Kampf gegen die Nazis angeschlossen hätten? TURNING POINT: FALL OF LIBERTY *entwickelt ein beklemmendes Szenario, in dem die Nazis in ihrem Wahn nach Weltherrschaft im Jahre 1953 eine Invasion an der Ostküste der USA beginnen.“*

TURNING POINT: FALL OF LIBERTY (CODEMASTERS)

Nur sehr erinnerungsstarke Leser können jetzt wissen, um welchen Titel es geht – das gebe ich zu. Das von der Fachpresse mit Häme und Spott bedachte TURNING POINT: FALL OF LIBERTY, das für die Systeme Xbox 360, Playstation 3 und PC im März 2008 erschien und eine Altersfreigabe ab 18 erhielt, ist ein First-Person-Shooter. Spieler starten ihren Kampf am fiktiven 7. Dezember 1953 in New York auf einem unfertigen Wolkenkratzer, werden aber auch Washington D.C. unter Hakenkreuzbeflaggung zu Gesicht bekommen. Kontrafaktische oder „Was-wäre-gewesen"-Geschichtsschreibung gewinnt nicht nur in der Unterhaltungsliteratur (z.B. Philip Roth: „Verschwörung gegen Amerika") zunehmend an Popularität. Die Geschichte, die TURNING POINT: FALL OF LIBERTY erzählt, erinnert stark an klassische literarische Anti-Utopien. Gegen Ende des 19. Jahrhunderts gewannen diese sogenannten Dystopien, wie etwa „Wir" (1920) von Jewgenij Samjatin, „Brave New World" (1932) von Aldous Huxley und „1984" (1949) von George Orwell, im Romangeschäft die Oberhand. Diese Entwicklung reflektierte u.a.

diverse bürgerliche Angstszenarien des ausgehenden 19. Jahrhunderts, eine Krise des Fortschrittsdenkens und ein wenig später die psychologischen Auswirkungen der 1920er-Jahre-Wirtschaftskrise. Im Mittelpunkt der Romane stehen zumeist Einzelschicksale: Es geht um Protagonisten, die an einer bestimmten Stelle der Erzählung sich nach einer Art des Erkenntnisprozesses gegen das totalitäre System stellen und sich somit in tödliche Gefahr begeben. Indem nun der Spieler sich während des Startbildschirms entschließt, sich dem „Press A to start“ hinzugeben, ist dies wie das Aufschlagen des ersten Kapitels eines Buches – es ist nicht weniger als der Auftakt, der Beginn von Ereignissen, die das mediale Interesse des Empfängers gefangen nehmen, um ihn oder sie an sich zu binden. Überdurchschnittlich oft bleibt der Außenseiter in Dystopien nicht allein. Überdurchschnittlich oft schafft er es, Kontakt zu einer Widerstandsgruppe – sei sie tatsächlich existent oder von den Machthabern ins Leben gerufen – aufzubauen und mit dieser in den erfolgsoffenen Kampf zu ziehen.

Ein besonders fantasieanregendes Subgenre innerhalb der negativ-utopischen Tradition bilden die sogenannten antinationalsozialistischen Dystopien. Der Autor entwirft in diesen eine alternative Welt, in der das nationalsozialistische Deutschland nicht durch einen Sieg der Alliierten im Zweiten Weltkrieg niedergerungen wurde. Im Gegenteil: Das Ergebnis ist entweder eine globale Dominanz des Dritten Reichs oder aber ein *status quo inter pares*, zumeist auf Augenhöhe mit Japan oder den Vereinigten Staaten von Amerika. Hauptaugenmerk richten die Autoren dabei auf die zumeist negativen Konsequenzen und Lebensbedingungen für Individuen innerhalb dieses fiktiven totalitären Systems. Subgenre-ErstleserInnen sollten sich übrigens vergnügt an Katharine Burdekins „Die Nacht der braunen Schatten" (1937), „Hörnerschall" (1952) von John William Wall, Len Deightons „SS-GB" (1978), Otto Basils „Wenn das der Führer wüßte" (1966) oder „Das Orakel vom Berge" (1962) von SciFi-Liebling Philip Kindred Dick wagen. Für die Einordnung des Spiels in die Tradition antinationalsozialistischer Dystopien ist eine Vermarktungsstrategie der TURNING POINT: FALL OF LIBERTY-Macher besonders interessant: Die Idee des INTERNATIONAL JOURNAL. Bei dieser „Publikation" handelt es sich um eine fiktive Tageszeitung, die in einzelnen Ausschnitten (aufgemacht wie Zeitungs-Titelseiten) auf der offiziellen Website des Spiels zu finden ist. Zu sehen sind dort zwölf Artikel in bester Wochenschau-Manier, die die Vorgeschichte der Invasion schildern. Die narrative Integration in die antinationalsozialistische Tradition findet aber natürlich auf zwei weiteren – durchaus mediumsspezifischeren – Ebenen statt: zum einen im konfigurativen Spiel selbst, also dem Geschehen bzw. Gameplay aus der Ego-Perspektive, und zum anderen durch Weiterführung der Handlung mittels der diversen Cut-Scenes zwischen den Spielabschnitten. Abschließend ist TURNING POINT: FALL OF LIBERTY zweierlei: eine Verneigung vor den Konventionen eines literarischen Genres samt all seiner Versatzstücke und zeitgleich ein technisch unbefriedigender First-Person-Shooter. Die Frage bleibt: Mit welchem Teil können Nutzer nun wohl mehr anfangen?

RUDOLF INDERST HÖRT B5 AKTUELL ODER TILL BRÖNNER, WÄHREND ER IN GENERISCHEN FIRST PERSON SHOOTERN FÜR RECHT UND ORDNUNG SORGT. AUSSERDEM MACHT ER AUF SUPERSTAR-HERAUSGEBER VON GAME-STUDIES-SAMMELBÄNDEN.

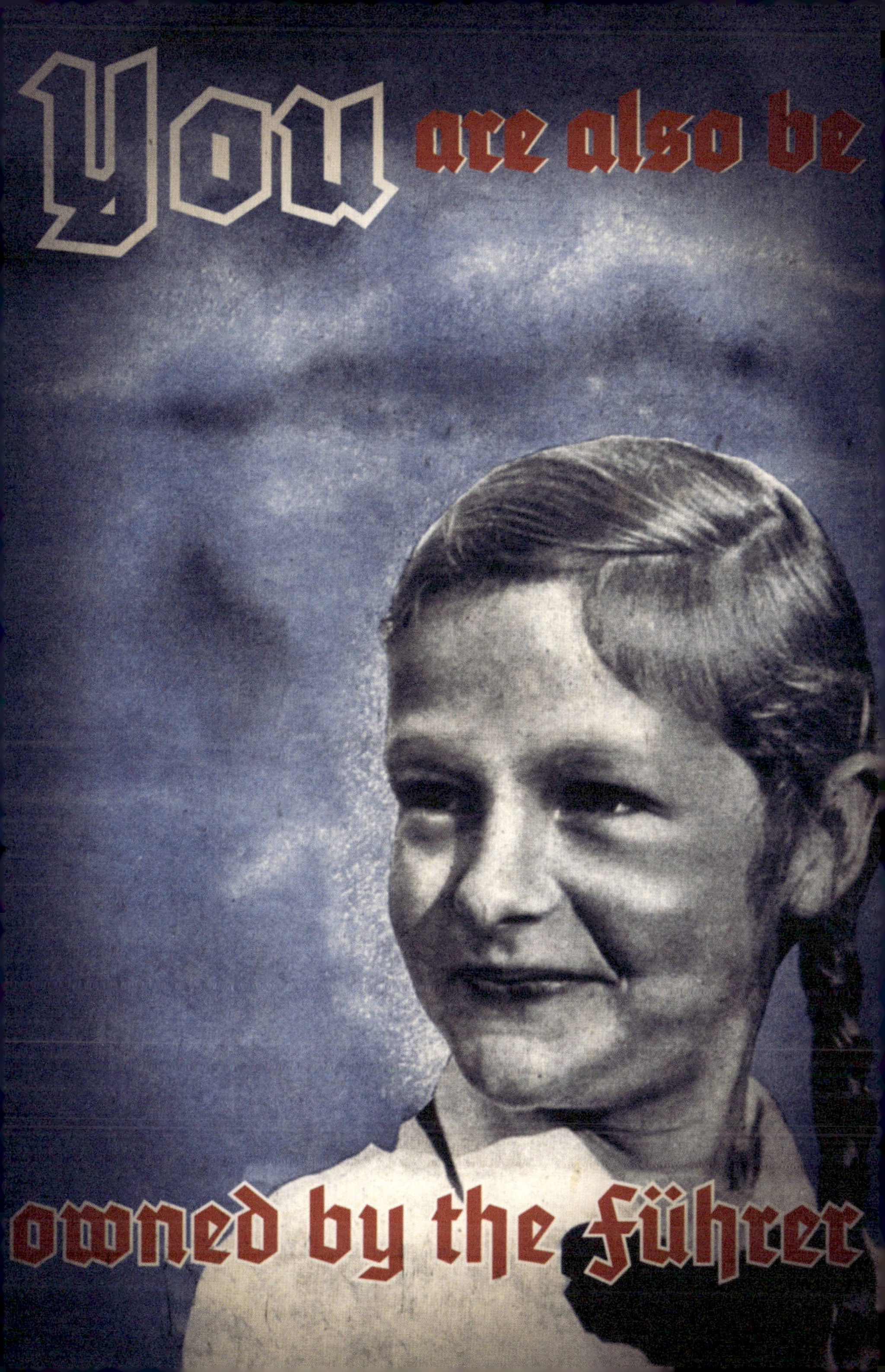
You are also be
owned by the Führer

EIN ANDERES SPIELELAND IST MÖGLICH

von Volker Bonacker

Rassismus, Homophobie und Sexismus: Diese Debatten wurden in den letzten Monaten heftig geführt. Gamer sind eben keine homogene Masse, sondern haben unterschiedliche normative und moralische Vorstellungen. Bislang kommen diese aber kaum zur Geltung. Zeit, ein neues Spieleland zu schaffen.

Ein Staat, der es seinen Bürgern gestattet, ihre Interessen an ihn heranzutragen, kann zumindest keine Willkürherrschaft sein. Ein Interesse ist dabei nichts anderes als das Bedürfnis, das Menschen bezüglich gesellschaftlicher Güter oder Werte haben. Der Nicht-Bau von Stuttgart 21 und der Atomausstieg sind solche Interessen. Die Forderung nach digitalen Spielen, die Geschlechter nicht in abwertender Weise darstellen, ebenfalls. Der Wert, nach dem verlangt wird, ist Gleichberechtigung.

Stellen wir uns die Gamesbranche als Staat mit demokratischer Regierungsform vor, genannt Spieleland. Gewählt wird durch den Kauf eines Produktes. Je mehr Menschen zugreifen, desto mehr Einfluss gewinnt der Hersteller gegenüber seinen Konkurrenten – das Äquivalent zum Kampf um politische Macht. Im Gegensatz zum realweltlichen Staat findet die Wahl allerdings nicht einmal alle vier Jahre statt, sondern in kleinerem Rahmen täglich und in größerem spätestens mit dem jährlich anstehenden Weihnachtsgeschäft. Durch den Erfolg oder Misserfolg eines Spiels entscheiden die Käufer über die Zukunft von dessen Machern. Hier könnte dieser Beitrag enden mit dem Ratschlag, sexistische Spiele doch einfach zu boykottieren und deren Herstellern die Existenzgrundlage zu entziehen. Doch so einfach ist es nicht.

HAUSBAU IST NÖTIG

Wer wie stark seine Interessen durchsetzen kann, hängt von verschiedenen Faktoren ab: Wie gut sind sie organisiert, herrscht Einigkeit oder Fragmentierung, entscheiden einzelne Vertreter oder die Gesamtheit? Hier lassen sich für die Debatte erste Ratschläge ableiten. Will man den Bedarf nach nicht-sexistischen Inhalten an die Verantwortlichen herantragen, gilt es, die Sache vom Partikularinteresse zur kollektiven Forderung zu erheben. Sprich: Organize! Die kritische Masse an mit dem Status quo unzufriedenen Spielern ist vorhanden. Nur ein Haus mitsamt Dach, unter dem sich alle versammeln können, ist hierzulande noch nicht gebaut.

Und dann bleibt die Frage nach dem Verfahren: Wer einen Boykott oder Protest organisieren will, braucht eine quantitative Schlagkraft. Will man stattdessen eher kooperieren und verhandeln, setzt man vielleicht nicht alles durch. Wie also wollen wir in der Frage um sexistische Inhalte an deren Produzenten herantreten? Steine werfen oder die Aussprache suchen?

Das alles lässt nicht außer Acht, dass eine Gegenseite existiert, und sie ist leider keine kleine. Denn Spieleland bekennt sich zum Meinungspluralismus, der es nun mal möglich macht, auch gut zu finden, dass Mario stets die Prinzessin rettet und nicht umgekehrt. Die Verkaufszahlen scheinen unseren Staat in seinem Regierungshandeln zu bestätigen: Ihr wolltet es doch nicht anders! Die Mehrheit, deren Votum in einer Demokratie für alle zu gelten hat, hat es so entschieden! Ein Grund zur Resignation? Mitnichten. Mehrheitsverhältnisse sind umkehrbar, auch wenn aktuell gilt: Solange Spiele mit sexistischen Inhalten zu Millionen-Sellern avancieren, besteht im Mainstream ganz offenbar ein Bedarf danach. Die klugen Marketingabteilungen, in Spieleland die Öffentlichkeitsarbeiter der Regierung, wollen natürlich den Status quo erhalten.

VOM LERNEN UND UNBELEHRBAREN

Daraus resultiert nicht zwangsläufig ein politisch aktiver Gegner, denn vielfach ist den Konsumenten schlicht nicht bewusst, dass ihr erworbenes Produkt ein Geschlechterverständnis hat, das, vorsichtig gesprochen, von gestern ist. Ich möchte mich hiervon nicht ausnehmen. In der laufenden Debatte habe ich einiges zu sehen gelernt, das zuvor unsichtbar war. Vielleicht bin ich deshalb prototypisch für viele Mitbürger in Spieleland – auch was die Lernfähigkeit anbelangt. Wenn heute in DARKSIDERS 2 der Spruch kommt, ich schlüge wie ein Mädchen zu, dann fühle ich mich unwohl und finde es schade, dass derartige Szenen ein ansonsten gelungenes Spiel herunterziehen. Ich war zuvor kein Befürworter von sexistischen Inhalten, sondern mir ihrer Existenz und mannigfaltigen Ausprägungen schlicht nicht in dem Umfang bewusst, wie ich es heute bin. Vielen Mitspielern geht es vermutlich ähnlich. Straßenarbeit ist gefragt: Auf diese Menschen zugehen und versuchen, bei ihnen ein Bewusstsein für die Thematik zu erwecken, Wissen vermitteln, Probleme aufzeigen. Nichts anderes betreibt jede NGO Tag für Tag am Stand in der Fußgängerzone.

Natürlich bleiben Unbelehrbare, die sexistische Inhalte auf Teufel komm raus sehen wollen, denen das Röckchen von Juliette Starling in LOLLIPOP CHAINSAW nicht kurz genug sein kann. Muss sich eine Interessengruppe an diesem Umstand stören? Nein. Wie erwähnt leben wir in einem System mit einer Vielzahl an Meinungen. Was in der realen Welt der ewig-unversöhnliche Kampf zwischen Arbeit und Kapital ist, existiert auch in Spieleland. Nicht schlimm, denn es dreht sich im Prozess der Interessenvermittlung nicht darum, jeden in sein Boot zu holen, sondern sein Boot zu einem einflussreichen Mitspieler im Kampf um staatliches Gehör auszubauen.

AM ANFANG WAR DIE KACKSCHEISSE

Es gibt viel zu tun. Es kann viel getan werden. Ob ein Interesse einer Gruppe sich durchsetzt – so das politikwissenschaftliche Fazit –, ist abhängig von vielen Faktoren. Organisation, Art des Vermittlungsverfahrens, Zugang zu Medien, Anzahl der Anhänger, Adressaten, finanzieller Spielraum – all das sind Hebel, an denen angesetzt werden kann, will man antiquierte Spielinhalte endlich in die finstere Abstellkammer frühkindlicher Peinlichkeiten stellen. *Sexistische Kackscheiße* ist lediglich ein Anfang, ein erster Schritt auf einem Weg, der damit längst nicht gegangen ist.

VOLKER BONACKER SUCHT WEITERHIN UND MIT EINIGER ERFOLGLOSIGKEIT NACH DEM 17. KOLOSS. BIS ER IHN EINES TAGES (NICHT) FINDEN WIRD, IST ER ALS FREIER JOURNALIST TÄTIG, BLOGGT UND PODCASTET GELEGENTLICH UND KANN ALS *DER_DERBE_B* BEI TWITTER ANGETROFFEN WERDEN.

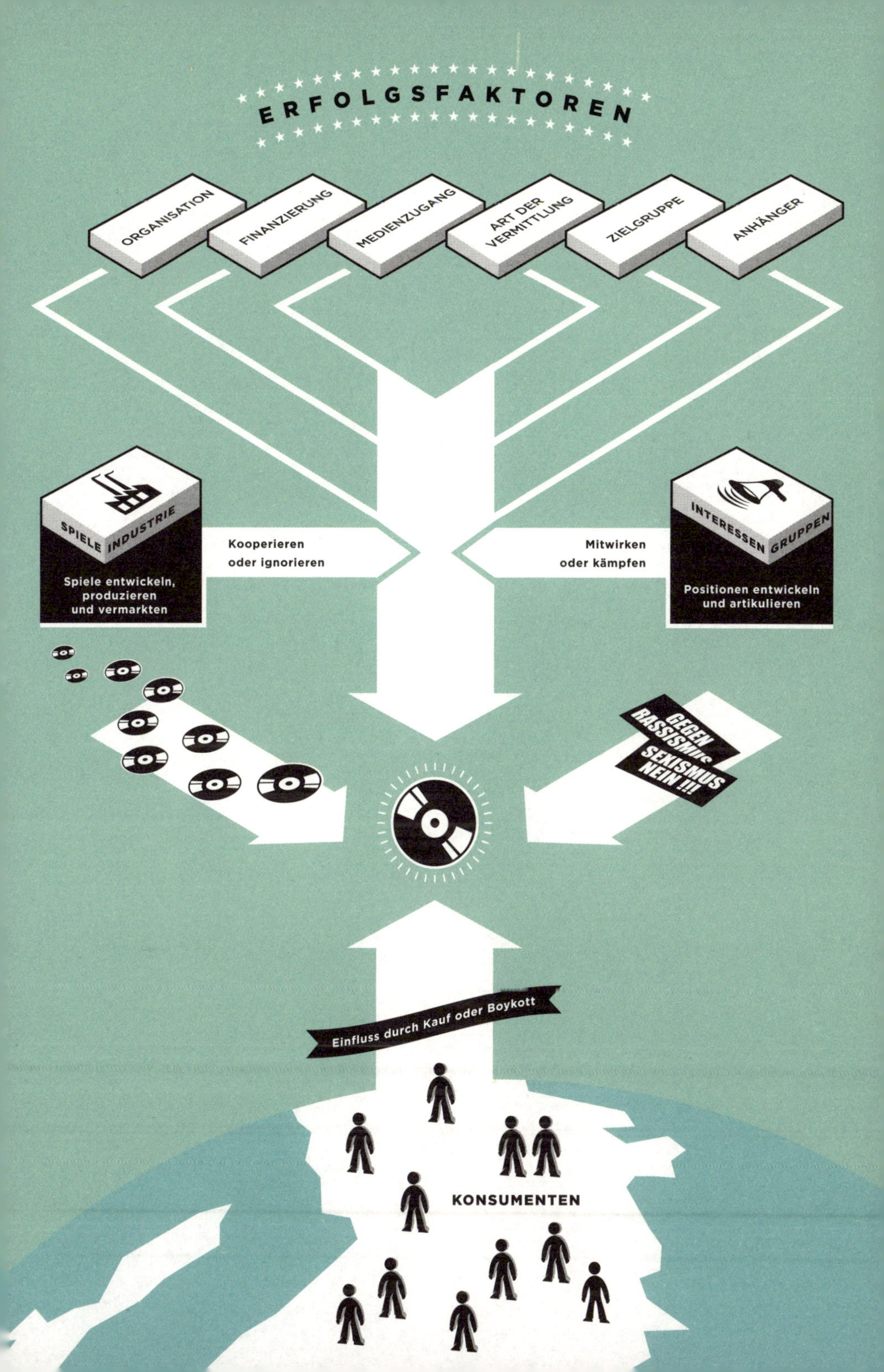
ERFOLGSFAKTOREN
ORGANISATION
FINANZIERUNG
MEDIENZUGANG
ART DER VERMITTLUNG
ZIELGRUPPE
ANHÄNGER
SPIELE INDUSTRIE
Spiele entwickeln, produzieren und vermarkten
Kooperieren oder ignorieren
Mitwirken oder kämpfen
INTERESSEN GRUPPEN
Positionen entwickeln und artikulieren
GEGEN RASSISMUS
SEXISMUS NEIN !!!
Einfluss durch Kauf oder Boykott
KONSUMENTEN

SELECT SYSTEM

DER KLEINE KÖNIG

von Sebastian Nuss

SLAVA GERJ / SHUTTERSTOCK.COM

Schon immer ging es in Spielen um Sieg und Niederlage, um Herrschaft und Unterwerfung. Das ist im Real Life der meisten Leute glücklicherweise nur selten gefragt. Auch in meinem. Offenbar gab es da aber eine Lücke, die gefüllt werden muss. Denn jedes Mal, wenn sich beim Spielen bei mir das Gefühl von Macht einstellt, überkommt es mich. Und der kleine König in meinem Inneren lässt die Sau heraus.

Games sind ein besonderes Medium. Nein, nicht wegen der hinlänglich bekannten Faszination interaktiver Handlungsangebote, des wohligen Gefühls des Selbstwirksamkeitserlebens oder der landläufig zu vernehmenden Open-World-Orgasmen, die gemobbten Schülern, gelangweilten Angestellten und unterdrückten Ehegatten zu unschuldigen Stunden epischer Realitätsflucht verhelfen. Nein, es geht um Macht. Um die menschliche Geilheit darauf, endlich einmal der Chef zu sein.

Minderwertigkeitskomplex, Napoleonkomplex, Gottkomplex: Es gibt viele Neurosen, die durch Computerspiele über alle Maßen zum Blühen gebracht werden. Und so war es nur eine Frage der Zeit, bis auch ich einen Teil meines Verstandes verliere. Das heißt, verloren habe ich ihn eigentlich nicht, eher ausgeborgt. Einem klitzekleinen König überlassen, einem Usurpator des Unbewussten, der sich nach Jahren der virtuellen Machtausübung in mein Inneres geschlichen hat.

Oft kann ich ihn dabei beobachten, wie er sich einmischt. Ich bin eigentlich ein besonnener, freundlicher und lebensbejahender Mensch, doch sieht der kleine König eine Chance, so gibt es kein Halten mehr: Der Schreibtischstuhl wird zum Thron und zufällige Zeugen meines Spiels hören mich unverständliche Sätze murmeln, die mit „Wir von Gottes Gnaden“ beginnen und mit „also sei es“ enden.

Da diese Verwandlung befremdlich wirken kann, will ich mich in der folgenden Schilderung im päpstlichen Plural halten. Das hat sich mittlerweile als recht praktisch erwiesen, denn so kann ich uns beide nicht so leicht verwechseln.

IRGENDEIN SAMSTAG IM JAHR 2012

Dieser Vormittag sieht einen übel gelaunten Despoten. Nachdem wir ein Scharmützel englischer Langbogenschützen niedergeschlagen, eine neue Tierrasse gezüchtet, vier andere ausgerottet und danach noch ein, zwei Sonnensysteme okkupiert hatten, schwebt jetzt die ständige Gefahr eines Blues im Raum. Es droht ein Machtvakuum im eigentlichen Sinn.

Abhilfe schafft da wieder einmal CIVILIZATION, das in seiner fünften Ausgabe besonders für klickmüde Regenten Kurzweil zu bieten vermag. Und so lehnen wir uns träge in Samt und Zobel zurück, als neue Arbeiter auf einem mit „Theben“ oder „Berlin“ beschrifteten Feld erscheinen und gähnen mit einem beiläufigen Klimpern unserer juwelenbesetzten Finger: *Auto-Modus.*

Wir wollen es heute nicht übertreiben mit der Arbeit und lassen das Volk Gräben graben, Minen bauen und Straßen anlegen. Auto-Modi sind eine hervorragende Sache. Während wir vor Jahren in Strategiespielen den ganzen Schlunz mit „Erkunde Welt“, „Suche Rohstoffe“ oder „Lösche Barbarenstamm aus“ noch selbst erarbeiten mussten, so macht unser Computer heute endlich das, wofür er gebaut wurde: uns die Drecksarbeit abnehmen.

Dabei spielt es keine Rolle, ob wir einem Ego-Shooter-Kämpen aufsitzen oder uns der virtuelle Croupier am Onlinepokertisch die Karten um die Ohren wirft: Die Auto-Aim-Auto-Hint-Auto-Sonstwas-Courtesy-Funktionen der aktuellen Spielegeneration ist eines Allmächtigen wie uns wahrlich würdig. Nein, es kommt auch keiner Entmachtung oder gar Entmündigung gleich, sich in Adventures Hotspots anzeigen oder im First-Person-Shooter das Fadenkreuz wie von Geisterhand auf Feindeshäupter richten zu lassen – die Anzahl der Spiele, die Komplexität der Rollen, die Möglichkeiten, Macht auszuüben sind derart vielfältig geworden, dass wir uns einfach nicht mehr mächtig fühlen, wenn wir alles selber machen müssen.

Minecraft? Pah! Klötzchen für Kleingeister. Wer spielt das überhaupt noch? Abrissbirnen-, Müllabfuhr- oder Omnibusfahrsimulator? Trainingssoftware für den Plebs. Damit das dröge Tagewerk am nächsten Morgen effizienter von der Hand geht.

Der daddelnde Despot von heute will Äonen prägen, Sternensysteme bewegen und seine ölduftende Hand in die Ursuppe der Evolution eintauchen, ohne dabei Schaden an den Karpaltunneln zu nehmen. Er möchte elegante Befehlsmenüs und spiegelglänzende Buttons, auf denen mächtige Begriffe stehen wie „Nanotechnologie erforschen" oder „Vereinte Nationen bauen".

Allein die Sims liegen da an einer gefühlten Grenze, bieten sie doch trotz ihrer ausgesprochenen Gewöhnlichkeit auch Machtmenschen wie uns einige Möglichkeiten zur Kurzweil: Mal eben die nervende Ehefrau einmauern, die heimische Toilette entfernen oder den Avatar schlicht und ergreifend ohne Abendessen ins Bett zu schicken, bringt auch die wolkenumwehteste Königsstirn für einen kurzen Moment auf den Boden des einfachen Lebens zurück.
Doch zurück auf den namenlosen Kontinent, der noch immer nicht den Weg aus dem Mittelalter gefunden hat. Der Grund ist offensichtlich: Die faulen Arbeiter haben noch immer nicht genügend Wälder gerodet, obwohl freilich noch GENUG DAVON HERUMSTEHEN! Wir spielen augenblicklich mit dem Gedanken, die Heimatstädte dieser nutzlosen Tagediebe niederzubrennen, bemerken aber, dass das gar nicht geht (ein klarer Designfehler!).

Einem goldenen Nebelstreif politischer Weitsicht folgend entschließen wir uns stattdessen, etwas wesentlich Mächtigeres zu tun und das Hebelchen für die Spielgeschwindigkeit zu suchen. Es gibt keins. Wir notieren uns im Geiste, eine geharnischte Epistel an die Entwickler zu verfassen. Einer unserer Minister empfiehlt uns unverfroren

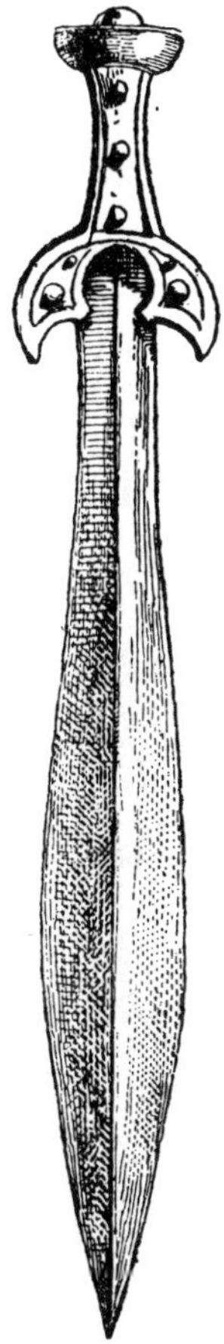

fig. 1 das Schwert (*Gladius*)

den Bau einer Karawane, um die internationalen Beziehungen zu verbessern. Wir bauen aus demselben Grund eine Kavallerie, einen Kürassier und einen Krummsäbelkämpfer und stampfen vor Wut kurz mit dem Lackschühchen auf, weil man den Minister nicht der neunschwänzigen Peitsche und einem Fass Salz überantworten kann (ein weiterer Designfehler!).

Um uns von seinem besserwisserischen Genöle nicht runterziehen zu lassen – es heißt schließlich Aufbaustrategie! –, schalten wir das Spiel ganz einfach aus. Soll das faule Volk doch im magnetischen Festplattennirwana verrotten. Ermattet von einer derart schnöden Demonstration unserer unumstößlichen Herrschaft schwelgen wir in Erinnerungen. Ach, was war es doch so einfach mit der Macht damals: Ein Ei mit Display, vier Knöpfe und jede Menge Verantwortung. Füttern, Dreck wegmachen, unterhalten, knuddeln. Und wenn man es verbockt hatte, gab das nervige Biest (endlich) den Geist auf. Wie hieß es noch gleich, Tama …? Tamara? Putziges kleines Mistvieh. Hatte immer Hunger. Oder Langeweile und wollte spielen. Und dann hat es gebettelt mit seinen großen, runden Kulleraugen.

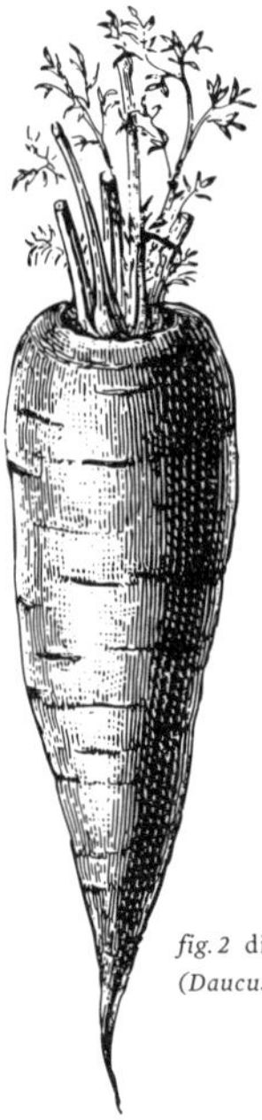

fig. 2 die Karotte
(Daucus carota)

Da geschieht es: Süße Tränen aus Nostalgie und Selbstmitleid schießen uns in die Augen. Was ist aus uns geworden? Was ist bloß geschehen? Wollten wir nicht einfach Verantwortung übernehmen? Endlich erwachsen werden? Der kleine König protestiert leise, versucht zu beschwichtigen, schildert uns in den schillerndsten Farben Großtat über Großtat, die wir in all den Jahren bewirkt haben. Feindliche Armeen ergriffen in Panik die Flucht vor uns, Städte, Nation, ganze Galaxien lagen uns zu Füßen.

Ich erinnere mich plötzlich an die öffentlichen Hinrichtungen von Programmen in Tron. Und daran, dass ich ein gespaltenes Verhältnis zum virtuellen Tod habe. Wie viel Schuld habe ich auf mich geladen in all den Jahren? Der kleine König wirkt plötzlich sehr blass, fast grünlich. Die einst edle Krone hängt verbeult an seiner Schläfe, die kostbaren

Ringe fallen klimpernd von seinen mageren Fingerchen. „Wir haben brennende Raumfrachter am Rande des Orion gesehen! Und wir haben sie vorher selbst angezündet!", kreischt er nun mit piepsiger Stimme. Doch keiner seiner Einwände kann mir noch helfen. Nein, Schluss damit! Genug mit der Herrscherrolle. Der kleine König lässt sich zitternd auf die Paradekissen sinken und reckt einen knöchernen Finger in die Luft. „Abdanken, abdanken! Mama, put my guns in the groooound!"

Drei Wochen später: Ich mach jetzt nur noch FARMVILLE. Rüben, Mais, genau mein Ding. Ich bin genauso schwach wie alle anderen in meinem Adressbuch. Irgendwie beruhigend, so eine Kommune. Dieses Machtding ist hier übrigens voll out. Voran geht es nur, wenn man sich gegenseitig hilft. Hach, wie schön.

Der kleine König ist verschwunden. An seiner Stelle in meinem Unterbewusstsein sitzt jetzt, auf einem Strohballen, eine Art zerebraler Sozialarbeiter in blauen Latzhosen. Wenn er nicht gerade „Komm, hilf deinen Freunden doch mit ein wenig Saatgut aus" flüstert, lächelt er schon eine halbe Stunde nach Spielbeginn ein sanftes *Abschalten* in mein Unterbewusstsein und steckt sich keck eine Pusteblume zwischen die Zähne.

Und dann beschließe ich meistens, den Nachmittag mit etwas anderem zu verbringen. Mit einer Tasse Tee ins Grüne schauen zum Beispiel oder ein langes ausgedehntes Schaumbad nehmen.

SEBASTIAN NUSS IST AUTOR UND REDAKTEUR FÜR DIE *PIXELMACHER*, DAS VIDEOSPIEL-MAGAZIN AUF *ZDFKULTUR*. AUSSERDEM SCHREIBT ER FÜR DIE *FRANKFURTER RUNDSCHAU ONLINE*. PRIVAT MAG ER AM LIEBSTEN ADVENTURES. VOR WIMMELBILDSPIELEN STRÄUBT ER SICH ABER NOCH: ER GLAUBT, ER SEI DAFÜR NOCH VIEL ZU JUNG.

UNTER VERW. VON: YURI ARCURS / SHUTTERSTOCK.COM

KLASSENSPIELE

von Robert Glashüttner

Computer- und Videospiele werden in der Öffentlichkeit weiterhin ambivalent wahrgenommen. Doch es geht nicht nur um Games an sich, sondern auch um unseren Umgang mit dem Medium. Sag mir, wie du spielst, und ich sag dir, wo du in der Gesellschaft stehst.

Machen wir uns nichts vor: Intensives Computerspielen, das nach Pubertät und Studienzeit in einem starken Ausmaß weiterbesteht, hat zweierlei Gründe: Entweder man schafft es, seine Spielleidenschaft in der einen oder anderen Form zum Beruf zu machen. Oder man findet sich damit ab, ein gesellschaftliches Nischendasein zu fristen, das zwar nicht stigmatisiert, aber von außen zumindest als sonderbar wahrgenommen wird. Wer als Erwachsener viel computerspielt, widmet einen großen Anteil seiner Freizeit exklusiv digitalen Welten. Es ist jene Zeit, die andere – Wenig- und Nicht-Spieler/innen – mehr mit dem Konsum anderer Medien, sozialen Kontakten und der eigenen Weiterbildung verbringen. Suchtverhalten ist dabei nur ein marginales Thema, vielmehr hat der an der Gesellschaft weitgehend unauffällig teilnehmende Vielspieler einen langfristigen Nachteil, wenn es um die Planung der eigenen Karriere geht. Die starke Zuwendung zum Spiel ist nicht notwendigerweise eine Flucht in selbiges, fordert aber eine stabile Familien- und Arbeitssituation. Ist diese nicht vorhanden (aufgrund der Pflege einer Liebesbeziehung, Arbeitsveränderungen, usw.), besteht Handlungsbedarf, damit alles wieder ins Lot kommt – und es bleibt

zumindest vorübergehend weniger oder gar keine Zeit fürs Lieblingshobby. Der Vielspieler kann also nur durchgehend einer bleiben, wenn möglichst wenige berufliche Änderungen und Experimente gewagt werden.
Anfang Oktober 2012 sah sich die US-amerikanische Sozialarbeiterin Colleen Lachowicz, die einen Monat später für einen Senatssitz der Demokraten im Bundesstaat Maine antritt, einer Schmutzkübelkampagne der Republikaner ausgesetzt. Der Vorwurf: Lachowicz sei nicht reif für ein politisches Amt, denn sie spielt in ihrer Freizeit WORLD OF WARCRAFT in der Rolle einer Ork-Schurkin und würde dazu auch gewaltverherrlichende Blog-Einträge schreiben. Der Umstand, dass kein erkennbarer Zusammenhang zwischen Lachowicz' Freizeit- und Arbeitstätigkeiten besteht, macht schnell klar, dass es hier bloß darum geht, den politischen Gegner schlechtzumachen. Und doch ist dieses Beispiel symptomatisch: Würden die Republikaner ähnlich gehandelt haben, wenn Frau Lachowicz in ihrer Freizeit Bienen züchten würde oder ein Faible für blutige Horrorfilme hätte? Auch martialischere Hobbies wie Paintball wären – vor allem in den USA – wohl kaum politischer Sprengstoff, schon gar nicht für die Konservativen. Das allgemeine, weiterhin verhältnismäßig niedrige gesellschaftliche Ansehen von Computerspielen ist in diesem Fall aber nur ein Aspekt. Gerade bei WORLD OF WARCRAFT, einem von der Öffentlichkeit gerne herangezogenen Beispiel, wenn es um zwielichtige Beschäftigungen mit Neuen Medien geht, schwingt auch der Vorwurf der verschobenen Prioritäten mit.

Wer ein starkes Bekenntnis zu virtuellen Welten abgibt, das eventuell auch Arbeitsstrukturen wie quasi verpflichtende Termine (zum Beispiel Raid jeden Dienstag und Freitag um 21 Uhr) mit sich bringt, könne sich, so der Vorwurf, nicht mehr im ausreichenden Maß der Organisation seiner tatsächlichen Arbeitssituation widmen. Folglich müsse es sich um eine Person handeln, die sich in der physischen Welt mit nur durchschnittlichen Ergebnissen zufrieden gibt und sich allgemein weniger Zeit für Dinge und Prozesse außerhalb der Computerspielwelt nimmt. Abgesehen davon ist bei inhaltlich archaischen Games die ständige Beschäftigung mit dem Rohen, Körperlichen ein Faktor, der gerne als geistig minderwertige Beschäftigung eingestuft wird. Wo etwa bei Filmen mit Gewaltinhalten die Ebene der Reflexion gemeinhin als Argument für ein intellektuelles Brechen des Archaischen gewertet wird, traut man dem Schlachten von Monstern in Videospielen tendenziell keine Metaebene zu.

WORKING CLASS GAMES

Das Schlüpfen in heroische Rollen, das Spielen von Außenseitern und verkannten Genies, die durch Geschick und Gewalt zum Helden werden – Protagonist/innen von Computerspielen erfüllen die Sehnsucht nach einer Karriere abseits bekannter Pfade und eines Lebensweges ohne Steuerformulare und Mieterhöhung. Die Rolle des Spiels als eskapistisches Vehikel im Kampf gegen die Alltagstristesse bietet einen attraktiven Rahmen, der die Spielinhalte und -herausforderungen aufwertet, sie in einen glamourösen Kontext stellt. Games, die hingegen bloß bereits vorhandene Lebens- und Arbeitswirklichkeiten im virtuellen Raum abbilden, sind (mit der Ausnahme von DIE SIMS) weit weniger populär. Das war nicht immer so: In den frühen und mittleren 1980er-Jahren waren Spiele wie PAPERBOY (Zeitungsaustragen), TAPPER (Bierzapfen), BURGER TIME (Burgerbraten) oder ZOO KEEPER keine bizarren Nischentitel, sondern Mainstream-Hits. In Großbritannien gab es darüber hinaus kuriose Kleinode über die Arbeiterklasse – etwa MANIC MINER, TRASHMAN oder MRS MOPP, wie Eurogamer.net-Autor Dan Whitehead in seinem Artikel "Whatever happened to the Working Class Hero" exemplarisch aufzeigt.

Computerspiele mit solchen Rahmenhandlungen würden heutzutage mit hoher Wahrscheinlichkeit im Bereich der Serious Games angesiedelt werden. Zu Recht: Eine gute Spielmechanik vorausgesetzt, hat das Game über den Zeitungsausträger, die Putzfrau und den Müllmann mehr Potenzial, das Nachdenken über gesellschaftliche und berufliche Rollen anzuregen als Sarah Kerrigan, Gordon Freeman und der Master Chief zusammen. Das Grinden in DIABLO III nervt uns zwar, aber wir hören trotzdem nicht damit auf. Beim Ausüben stupider Arbeitstätigkeiten hingegen – und sei es nur im Spiel – ringt man sich eher dazu durch, gegen den Imperativ der Games, sie alle ausgiebig spielen zu müssen, anzutreten. Einen digitalen Wischmopp legt man lieber weg als ein virtuelles Maschinengewehr. Vorübergehend mehr Zeit zum Leveln der eigenen Lebensplanung zu haben: Was ist schlecht daran?

ROBERT GLASHÜTTNER, GEBOREN 1979, IST JOURNALIST, AUTOR, MODERATOR UND FORSCHER MIT DEN SCHWERPUNKTEN VIDEOSPIELKULTUR UND DIGITALES LEBEN BEIM ORF-JUGENDKULTURSENDER *RADIO FM4* SOWIE ONLINE *FM4.ORF.AT/GLASHUETTNER*.

WOMAN, I AM THE GUARDIAN IN THE SKY
MOLLEINDUSTRIA

RADICAL GAMEDESIGN

von Dennis Kogel

Einen Ölkonzern leiten? Für Burger Massentierhaltung betreiben? Zugegeben, das klingt nicht besonders nach großem Spaß. Gerade das aber macht die Spiele von Molleindustria so politisch.

Die realistischste Kriegssimulation des Jahres 2012 heißt nicht CALL OF DUTY, nicht BATTLEFIELD und ganz bestimmt nicht MEDAL OF HONOR, sondern UNMANNED und kommt vom italienischen Künstlerkollektiv Molleindustria. Das Marketingbudget ist einstellig, die Grafik weit weg vom Fotorealismus und nicht einmal Linkin Park hatten Interesse daran, das Spiel zu vertonen.

Kein Wunder: Der Protagonist ist der wenig heldenhafte Pilot einer unbemannten US-Drohne, einem jener ferngesteuerten Flugzeuge, die Bomben auf verdächtige Personen in Kriegsgebieten fallen lassen. Am gefährlichsten lebt der Held, wenn er sich morgens in einem Minispiel rasiert. Seine Herausforderung ist es, die Kollegin anzumachen, sein großer Moment das Mitsingen des Lieblingslieds im Radio und seine Nemesis der entfremdete Sohn. UNMANNED ist ein Spiel über die wenig spannende Realität moderner Kriegsführung, die langsam, aber sicher zum Bürojob wird. Tausende Kilometer vom eigentlichen Kriegsgebiet entfernt, lassen junge, hochausgebildete Frauen und Männer an Computerterminals Tod auf Pixelhaufen in Pakistan, Irak und Afghanistan regnen. Zwischen 2 000 und 3 000 Menschen starben in den Jahren 2004 – 2012 in Pakistan bei Drohnenangriffen, darunter 150 – 200 Zivilisten und etwa doppelt so viele unidentifizierte Personen. „Kill Chains maximieren", nennt man das. Unter Barack Obama stieg die Zahl der Drohnenangriffe dramatisch und fiel ebenso schnell, als politische Beziehungen zu Pakistan deswegen darunter litten.

Während Spiele wie CALL OF DUTY: MODERN WARFARE erbitterte Feuergefechte zwischen raubeinigen Elite-Soldaten darstellen, versucht sich Molleindustria an einer bissigen Kritik der Banalität des Krieges – und das ist eine Meisterleistung. UNMANNED ist allerdings nicht das erste Spiel des italienischen Kollektivs. Seine Spiele bezeichnet der Molleindustria-Gründer Paolo Pedercini als Beispiele für *Radical Gamedesign*: Spiele, die sich als krassen, ideologisch aufgeladenen Gegensatz verstehen zum scheinbar apolitischen Spiele-Mainstream. In OILIGARCHY müssen Spieler als Leiter eines Ölkonzerns Regierungen stürzen, Politiker schmieren und Naturschutzgebiete zerstören, im MCDONALD'S VIDEO GAME dagegen als Burgerboss Profit durch besonders billige Fleischproduktion maximieren. Pedercinis Spiele stecken Spieler nicht in eine Heldenrolle, sondern in die des *Feindes*, des Machthabers. Pedercini lässt Spieler anscheinend vorurteilsfrei in die Rolle von Konzernbossen schlüpfen, um ihnen dann durch die Ziele und die Regeln des Spiels

ANOTHER TERRORIST DEAD.
ANOTHER DOLLAR.
ANOTHER STEP CLOSER
TO MY GRAVE.
MOLLEINDUSTRIA

zu zeigen, warum sie die Dinge tun, für die sie (im besten Fall) kritisiert werden. Pedercinis Antwort darauf ist meistens so erschreckend banal wie der Drohnenkrieg aus UNMANNED: weil sie es müssen. Nicht weil sie selbst *böse* sind und der Welt Schlechtes wollen, sondern weil ihr kleiner Wirkungsbereich, ihre Öl- oder Hamburgerindustrie, sie dazu zwingt. Molleindustrias böse Bosse existieren in einem System, das nur durch möglichst effiziente Ausbeutung von Menschen und natürlichen Ressourcen am Leben gehalten wird. Würden sich die Spieler dagegen wehren, nur wenig Öl abbauen und gesunde Kühe züchten, sie würden verlieren. Die Spiele selbst halten sich dabei erstaunlich neutral. Es gibt zum Beispiel keinen erhobenen Zeigefinger, wenn der Spieler Politiker schmiert, um ein Naturschutzgebiet zum Ölfeld zu erklären. Das muss Molleindustria aber auch nicht leisten, denn das moralische Urteil über seine eigenen Taten in der ungewohnten Rolle als Konzernboss fällt der Spieler selbst.

Molleindustria benutzt, was Spieleforscher Ian Bogost „prozedurale Rhetorik" nennt. Im Gegensatz zu anderen Medien, die Überzeugungsarbeit durch Bild, Text und Ton leisten, wirken Spiele durch das, was sie als Spiele auszeichnet: durch ihre Regeln, ihre Spielsysteme, ihre Mechaniken und Prozesse. OILIGARCHY sieht auf den ersten Blick aus wie ein spaßiges Wirtschaftsspiel über die Ölindustrie, übt aber durch die Regeln des Spiels Kritik an dem, was Ölkonzerne tun. Im Gegensatz zu sogenannten *Serious Games*, die versuchen, ernste Themen so exakt und naturgetreu wie möglich zu simulieren, erstellt Pedercini in OILIGARCHY Spielregeln, die Spieler unbewusst zu nur einer möglichen Schlussfolgerung führen: Konzerne müssen sich unmoralisch verhalten, um profitabel zu bleiben.

Bevor er zum Spielemacher wurde, versuchte Pedercini in Italien als Zeichner politischer Cartoons auf Missstände aufmerksam zu machen, erreichte damit aber nur jene, die sowieso seiner Überzeugung waren. In Spielen hat Pedercini nun sein ideales Medium gefunden. Mit Videospielen kann er seine Kritik an Leute bringen, die gar nicht mit Kritik und Ideologie gerechnet haben, sondern nur mit einem niedlichen Strategiespiel, das man so vielleicht auf Facebook oder im App Store finden könnte. Dass die Spieler die Denkarbeit selber leisten müssen, um aus den Regeln des Spiels Lektionen über die Welt der Ölkonzerne, des Militärs oder der Fast-Food-Industrie zu ziehen, macht sie nur noch effizienter. Und das passt nicht allen. Erst letztes Jahr wurde Molleindustrias PHONE STORY aus dem App Store entfernt. In einer

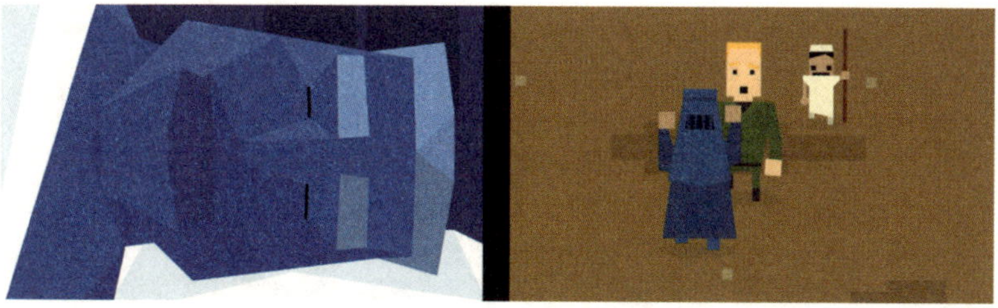

Reihe von so simplen wie zynischen Minispielen legt Phone Story dar, wie das Telefon, mit dem das Spiel gespielt wird, produziert wurde. Angefangen bei Kindern im Kongo, die Mineralien für Chips und Platinen abbauen müssen, über selbstmordgefährdete Fabrikarbeiter in China und Recycling-Anlagen in Ghana und Pakistan. Apple war das kleine Spiel zuwider. Der Grund des Rausschmisses aus dem App Store war offiziell die Darstellung von Gewalt an Kindern. Pedercini musste das Spiel daraufhin ziemlich erfolglos in Googles Android App Store verkaufen. Aufmerksamkeit bekam Phone Story aber trotzdem. Aus der Kritik an den Produktionsketten von Mobiltelefonherstellern wurde letztlich ein Testament für die Zensur im App Store und der Beweis, wie sehr sich Apple um einen reinen, makellosen Softwaremarkt bemüht, in dem Kritik und hässliche Tatsachen keinen Platz haben.

Was letztlich die Spiele Molleindustrias auszeichnet, ist ihre ungeheure rhetorische Macht. Wie kaum ein anderer Spielemacher hat Pedercini, der inzwischen Gamedesign an der Carnegie Mellon University in Pittsburgh unterrichtet, verstanden, auf welche einzigartige Weise Spiele dazu benutzt werden können, Menschen von seinen eigenen Ansichten zu überzeugen. Man sollte wahrscheinlich dankbar sein dafür, dass es sich bei Pedercinis Ideologie um etwas so vergleichsweise Harmloses handelt wie Kritik an kapitalistischen Systemen, der Öl- und Militärindustrie.

DENNIS KOGELS DUNKELSTES GEHEIMNIS IST, DASS ER *BATTLEFIELD 3* EIGENTLICH GANZ GUT FINDET. TAG FÜR TAG VERSUCHT ER DIES ZU VERHEIMLICHEN, INDEM ER U. A. FÜR *SUPERLEVEL, ZEIT UND GAMESTAR* ÜBER INDIE-SPIELE UND ANDERE SCHÖNGEISTIGE THEMEN SCHREIBT.

FOX

BUILD AND MAINTAIN THOSE ROBOTS!

DEATH BY JOYSTICK

von Rainer Sigl

Der Hightech-Krieg der Gegenwart ist längst im Spiel angekommen. MODERN WARFARE, SPEC OPS: THE LINE *und* UNMANNED *zeigen uns auf unterschiedliche Weise den US-amerikanischen Drohnenkrieg.*

Die Simpsons, verlässliches Orakel des Absurden, haben es schon 1997 gewusst: Am Ende der Folge „The Secret War of Lisa Simpson" hält der Direktor des militärischen Boot-Camps für schwererziehbare Kinder, das Bart und Lisa gerade absolviert haben, eine im Rückblick geradezu prophetische Rede an die frischgebackenen Soldaten der Zukunft:

„The wars of the future will not be fought on a battlefield or at sea. They will be fought in space – or maybe at the top of a very tall mountain. Most of the actual fighting will be done by small robots. And as you go forth today, remember always: Your duty is clear – to build and maintain those robots."

DRONE WARRIORS

Schon wenige Jahre später ist diese bizarre Pointe Realität geworden: Unter dem Friedensnobelpreisträger Barack Obama ist der futuristische Drohnenkrieg am Hindukusch und an anderen Orten der US-Hegemonialpolitik tägliche Routine im „Krieg gegen den Terror". Kriegsgerät der Wahl ist die unbemannte Predator-Drohne, ein „Unmanned Air Vehicle", das bei einer Einsatzhöhe von etwa 8 000 Metern und etwa 250 Stundenkilometern Geschwindigkeit bis zu zehn Raketen oder Gleitbomben an Bord trägt. Die Vorteile dieses ferngesteuerten Luftgeschützes liegen für die US-amerikanische Führung auf der Hand: Ganz ohne den Einsatz von amerikanischen Menschenleben erlauben es die unbemannten Drohnen, überall Aufklärungseinsätze zu absolvieren und auch in schwierigstem Gelände zuzuschlagen – mit *chirurgischer Präzision*, wie das von Militärs sowie Politik gern benutzte Schlagwort seit dem ersten Golfkrieg 1991 lautet.
Doch Präzision ist ein dehnbarer Begriff in einem Krieg, der, ganz nach Orwells Vorlage, kaum enden kann. Alleine in Pakistan – hier übernimmt die CIA selbst die von keiner Kriegserklärung legitimierten Einsätze – wurden seit 2004 unabhängigen Schätzungen zufolge zwischen 2 562 und 3 325 Menschen durch US-amerikanische Drohnenangriffe getötet, darunter zwischen 474 und 881 Zivilisten. 176 davon waren vermutlich Kinder, doch diese Art der Kriegsführung auf Distanz macht genaue Statistiken, auch über ihre tatsächlichen Erfolge oder Misserfolge, unmöglich. Gelenkt werden die unbemannten Drohnen zunehmend von automatisierten Programmen, lediglich für den tödlichen Feuerbefehl braucht es noch menschliche Entscheidung. Bis 2015,

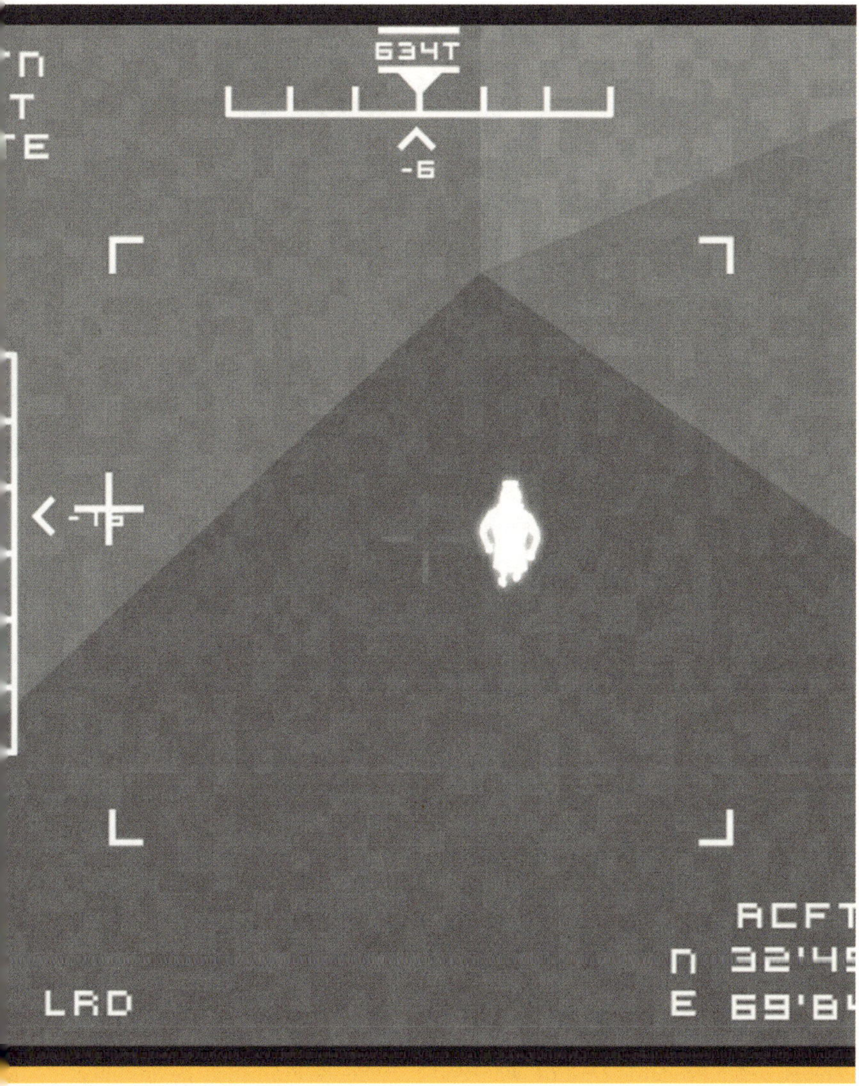

UNMANNED (MOLLEINDUSTRIA)

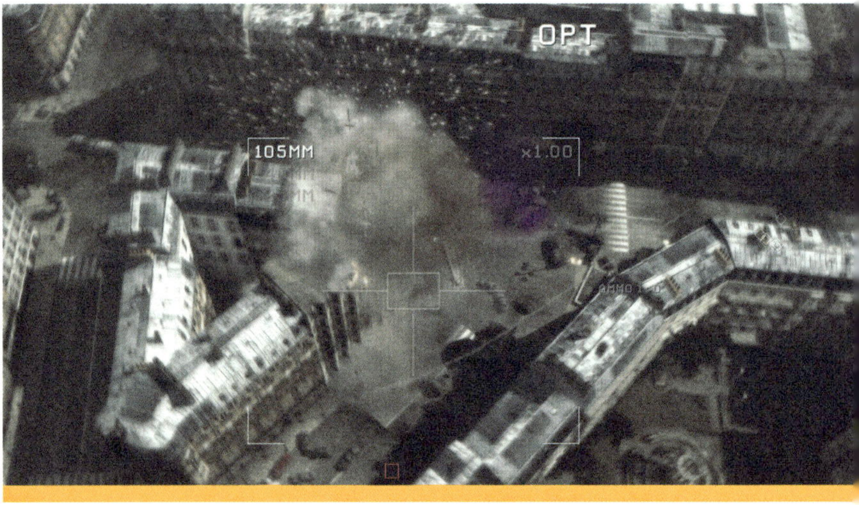

CALL OF DUTY: MODERN WARFARE (ACTIVISION)

so schätzt das Pentagon, werden 2 000 Drohnenpiloten im Dienst sein, die aus tausenden Kilometern Entfernung 24 Stunden täglich überall auf der Welt ihre Einsätze fliegen und auf Knopfdruck aus buchstäblich heiterem Himmel angreifen können.

GOOD KILL

Kein Wunder, dass diese Art der Kriegsführung, der Inbegriff der *Modern Warfare*, im Games-Militainment eine wichtige Nebenrolle spielt. Die Reihe CALL OF DUTY: MODERN WARFARE, der ungekrönte König des militaristischen Blockbuster-Entertainments der Marke Michael Bay, hat bereits 2007 den Blick des Spielers zu dem eines solchen Drohnenpiloten gemacht. Im Level „Death from above" erhebt sich der First-Person-Shooter aus der Froschperspektive des einzelnen Soldaten und die Monitore der Spieler zeigen das charakteristisch in körnigen Grautönen gehaltene Videobild der in sicherer Höhe schwebenden Predator-Drohne, während rauschende Funksprüche uns über aktuelle Ziele informieren und uns in gelangweilt-routiniertem Ton Treffer bestätigen – „Yeah, that was right on target. Good kill, good kill."

Während sonst im First-Person-Shooter unmittelbare Gefahr für das eigene virtuelle Leben droht, ist es hier unsere Aufgabe, jenes anderer – amerikanischer – Soldaten zu beschützen, die aus der Vogelperspektive als weiße Schemen einen aussichtslos scheinenden Kampf gegen eine Übermacht an Feinden führen. Der Obsession allen Militainments, in technischen Details fast religiös größtmöglichen „Realismus" bieten zu wollen, steht hier im Namen der Unterhaltung ein absurd surreales Bild der Drohnenkriegsführung gegenüber: Die Drohne mit ihrem im Spiel endlosen Munitionsvorrat ist in MODERN WARFARE, welche Ironie, nicht nur tatsächlich zum legitimen technischen Verteidigungsmittel geworden, ihr Einsatz ist außerdem ein adrenalintreibendes, abwechslungsreiches Unterfangen – der maximale Kontrast zur Realität.

THE HORROR … THE HORROR

Ist es selbstredend zu viel verlangt, von einem Entertainmentprodukt, noch dazu einem US-amerikanischen mit unausgesprochenerweise jugendlichem Zielpublikum, „Realismus" in der Darstellung einer höchst umstrittenen, aber von höchsten Ämtern verfolgten Militärstrategie zu erwarten? Vermutlich ja, doch es gibt auch im Medium Games selbst Kritik an der Darstellung des technokratischen Tötens aus der Distanz. SPEC OPS: THE LINE, 2011 vom Berliner Entwickler Yager veröffentlicht, macht dieses Dilemma gar zu einem Dreh- und Wendepunkt seiner an APOCALYPSE NOW und Joseph Conrad angelehnten Reise ins Herz der Finsternis.

Auch hier wird der Spieler zum Einsatz der unbemannten fliegenden Artillerie gezwungen, doch das sich als „Antikriegsspiel" verstehende SPEC OPS: THE LINE führt seine Spieler nach erfolgtem Luftangriff mit weißem Phosphor zurück auf das erfolgreich „gesäuberte" Schlachtfeld. Die Bilder aus MODERN WARFARE und SPEC OPS ähneln sich auf den ersten Blick: Hier wie dort ist es eine Konsole mit Videofeed aus der in ungesehenen Höhen fliegenden Drohne, die den Angriff aus der Vogelperspektive erlaubt, doch der Third-Person-Shooter SPEC OPS zeigt nicht nur durch das sich im Plastik des Konsolendisplays spiegelnde Gesicht seines am Krieg zugrunde gehenden *Helden*, dass hier buchstäblich Selbstreflexion angebracht ist, sondern vor allem durch die Sichtbarmachung der grauenhaften Folgen des „chirurgisch präzisen" Luftschlags: Verbrannte Leichen, verstümmelte Sterbende, Berge von Toten – drastischer wurden die Folgen des modernen Hightech-Kriegs

SPEC OPS: THE LINE (2K GAMES)

im Medium Games bislang nicht gezeigt. Der *good kill* aus maximaler Distanz wird hier ganz nahe gebracht – ein Kommentar auf die Realität des Krieges wie auch auf das diesen oft glorifizierende Medium zu gleichen Teilen.

GEGEN DIE DIKTATUR DER UNTERHALTUNG

Einen ganz anderen Blick auf das Thema bringt Paolo Pedercini. Unter der Parole „Games against the dictatorship of entertainment" veröffentlicht der Italiener mit seinem Studio Molleindustria kurze Spiele, die auch politische Statements sind. UNMANNED, 2012 als kostenloses Browsergame erschienen, kann für sich verbuchen, auf seine Weise das realistischste Bild des real stattfindenden Drohnenkriegs zu zeichnen – jedoch auf unnachahmlich eigenwillige Manier. Es ist die alltägliche Realität eines „Drone Warriors", eines Drohnenpiloten, die Pedercini hier darstellt, und die Zweideutigkeit des englischen Titels steht hier im Mittelpunkt: Der moderne Krieg ist nicht nur „unbemannt", sondern er entmannt auch seine Gewinner.

In kurzen Minispielen begleiten wir einen Drohnenpiloten durch seinen öden Alltag, rasieren uns, fahren zur Arbeit, singen dabei – wie passend – Queens „One Vision" mit, rauchen in der Pause, verfolgen weiße Gestalten auf körnigen Predator-Videofeeds, tratschen mit Frau und Vorgesetzter und verbringen abends mit unserem Sohn die Freizeit vor der Spielkonsole, auf der – eben – im First-Person-Shooter heroisch Krieg geführt wird. Die Arbeit am Kontrollschirm der drohend kreisenden Drohne hingegen ist repetitiv, öde und von ereignislosem Warten bestimmt. Es ist die absurde Normalität des vom Krieg maximal entfernten Kriegsalltags, die die Grenzen zwischen den Monitoren – jenen des realen und des virtuellen Tötens – verschwinden lässt und uns dafür, als Ausgleich, für alles und jedes mit Ehrenmedaillen auszeichnet: vom „Excellence in Shaving"-Orden über jenen für „Husband Good Conduct" bis zur Medaille der „Honorable Dad Unit".

Einen Orden für einen tatsächlichen Predator-Drohneneinsatz in diesem unspektakulären Arbeitsalltag bietet UNMANNED natürlich auch: Ihn bekommt, wer ohne Anklicken der sich anbietenden Fragemöglichkeiten an die Vorgesetzte den aus der Luft verfolgten „Verdächtigen" am anderen Ende der Welt per Luftschlag „unschädlich macht". Da sage noch jemand, Spiele über den Krieg müssten immer unrealistisch bleiben.

In einem Artikel der NEW YORK TIMES zum Thema sprach einer der Drohnenpiloten des US-Militärs von der nur auf den ersten Blick offensichtlichen Ähnlichkeit der realen und virtuellen Kriegführung vor dem Monitor: Keiner der Drohnenpiloten würde seine Einsätze auch nur im Entferntesten mit dem Spielen eines Videospiels vergleichen wollen. „Kein Videospiel verlangt von mir, dass ich sechs Stunden dasitze und dasselbe Ziel beobachte. Was wir unseren Crews einbläuen, ist, dass es hier um ein reales Fluggerät mit einem realen Piloten geht. Was für eine Entscheidung man vor dem Monitor auch immer trifft – ob gut oder schlecht –, es gibt immer reale Konsequenzen." So verknüpfen und trennen sich die reale und die virtuelle Welt in der hier tödlichen, dort lächerlichen Ernsthaftigkeit der *modern warfare* in Geopolitik und Unterhaltungsindustrie.

RAINER SIGL SCHREIBT FÜR VERSCHIEDENE MEDIEN (NICHT NUR) ÜBER GAMES UND VERSUCHT SICH AUF *WWW.VIDEOGAMETOURISM.AT* AM GAMES-FEUILLETON.

POLITICAL GAMING

von Sven Stillich

ILLUSTRATION VON **DANIEL WALLNER**

Langsam hebe ich den Controller meiner Wii. Die Figur auf dem Bildschirm folgt meiner Bewegung mit ihrer rechten Hand. Sie trägt einen schwarzen Anzug, rote Krawatte und hellblaues Hemd, die Figuren neben ihr sehen genauso aus. Sie sitzen in Reihen übereinander, und fast alle heben sie nun die Hände. Ein Balken oben füllt sich langsam grün. Dann Ruhe. Anspannung. Bis eine Stimme aus dem Off die Stille zerreißt: „Damit ist der Antrag angenommen", ruft sie, eine Fanfare übertönt den Applaus, ein Bundesadler erscheint wirbelnd im Bild und reckt den Daumen. Geschafft!

+2
+1
+1
+2
+1
+2

Meine Fraktion – oder „Fraction", wie es hier heißt – hat ihren Gesetzesantrag durchbekommen! Mein Lohn: +10 Redegewandtheit, +4 Talkshow-Einladungswahrscheinlichkeit, –2 Bürgernähe. Das lässt sich verschmerzen. Denn noch bin ich nur ein kleiner Fisch in dem Spiel LEGISLATURA EXTREME eines aufstrebenden Hannoveraner Publishers, aber ich spiele es auf der leichtesten Stufe (*Mitläufer*), und da wird es mir wohl nicht allzu schwer fallen, bald Bundeskanzler zu werden.

Das Spiel wird komplett durch Gesten und das Balanceboard gesteuert, mit dem man sich zu Beginn politisch verortet (draufstellen und durch Körperverlagerung links, rechts oder in der gesellschaftlichen Mitte positionieren). Mit Gesten wählt man kommende politische Aufgaben – den Wii-Controller Richtung Fernseher zu stoßen, wählt zum Beispiel das Thema „Verlängerung des Mandats für den Afghanistaneinsatz", ihn flach über dem Kopf zu halten heißt „Euro-Rettungsschirm" – sowie rhetorische Mittel: Von wildem Gefuchtel („verwirrend viele Nebensätze") bis zu einer Hiebbewegung („Holocaust-Keule") ist alles drin. Diese Aktion, die alle Diskussionen beendet, muss allerdings erst freigeschaltet werden, genauso wie diejenige, bei der man während einer Rede mit der Hand immer wieder auf das Balanceboard schlägt – der sogenannte „Wehner-Move". Dazu gibt es exklusiv für Microsoft Kinect den „Hammelsprung" (aufstehen, den Raum verlassen und wieder reinkommen). „Nicht nur für Genrefans", jubelte die Spielepresse beim Erscheinen des Spiels, bevor ihr auffiel, dass es noch gar kein diesbezügliches Genre gab, woraufhin sie immerhin in einem Kasten ihren Lesern erklärte, wer dieser Wehner eigentlich war.

LEGISLATURA EXTREME ist nur eines der Spiele, die derzeit überraschend viele Käufer überzeugen können. Neben seiner Online-Variante EUROPE DOMINATION und der lizensierten Kids-Version HELLO KITTY BUNDESTAG ist es vor allem ein Game, das aufhorchen lässt: MAASTRICHT AFFAIRS, eine Mischung aus GRAND THEFT AUTO, HEAVY RAIN und PORTAL, eine offene Welt also mit Quick-Time-Events und mehreren Dimensionen. Der Handlungsort: Bonn. Genauer: ein Vorort von Bonn. Von dort aus – also quasi aus dem Nichts – beginnt ein junger Mann oder eine junge Frau (das ist frei konfigurierbar, als Frau ist das Spiel allerdings schwerer) eine Reise durch die europäische Politikgeschichte der Nachkriegszeit. Sie oder er werden über Portale zu den entscheidenden Momenten der Historie katapultiert, von der Gründung der Montan-Union über die Erweiterung der EU und die Euro-Einführung bis zum Kampf um eine politische Union. Wegweisend an MAASTRICHT AFFAIRS: Der Spieler kann die Geschichte der EU ändern. Was wäre zum Beispiel passiert, wenn sich alle Länder stets an die Maastricht-Kriterien gehalten hätten? „Einer wird gewinnen“ lautet der Untertitel des Spiels, die Spielefachpresse erklärt ihren Lesern in einem Kasten dessen Doppeldeutigkeit und urteilt: „ein Muss für alle Genrefans“. Das Genre heißt nun „political gaming“ und hat bei der nächsten Games Convention eine eigene Halle – Jugendliche mit Parteimitgliedschaft haben freien Eintritt und erhalten am Eingang ein schwarz-rot-goldenes Bändchen.

„Political Gaming“ ist also in aller Munde. Auf Facebook sind kleine soziale Spiele wie SCHÄUBLE-SUDOKU oder der Ego-Disputer CALL FOR DUTY bereits seit längerem äußerst erfolgreich, nun setzen auch internationale Publisher auf den Trend. Mit Spannung erwartet werden MERKEL GEAR SOLID, ein Schleichspiel rund um den CDU-Bundesparteitag 2000, sowie MARIO UND SONIC BEI DER EUROPÄISCHEN ZENTRALBANK (eine bunte Sammlung von Minispielen von „Geldzählen“ bis zur packenden TEKKEN-Variante „Alle gegen Griechenland“). Im Herbst kommen eine regionale Ausgabe von HALO DEUTSCHLAND sowie das Game CAMPAIGN WARS 13 eines amerikanischen Großpublishers, bei dem Wahlkampfhilfe eingetrieben werden muss, indem

„NICHT NUR FÜR GENREFANS!“

EBENFALLS IM HANDEL ERHÄLTLICH:

- ***EUROPE DOMINATION***
- ***HELLO KITTY BUNDESTAG***

der Spieler echtes Geld auf die Konten des amerikanischen Großpublishers überweist und es nur zurückbekommt, wenn er die Wahlen gewinnt. Dieses Spiel wird wegen seiner Realitätsnähe nicht nur erst ab 18 Jahren freigegeben sein, es ist auch das erste Spiel, das es auf die Titelseite der FINANCIAL TIMES DEUTSCHLAND geschafft hat, das Fazit: „Videospiele werden endlich erwachsen“.

Viel hat sich also getan seit den Anfangszeiten von PONG. Wer hätte gedacht, dass sich aus dem einstigen Teenager-Zeitvertreib ein Medium entwickeln würde, in dem der politische Schlagabtausch Thema sein könnte, in dem Argumente den Gegner treffen statt Gewehrkugeln? Sicherlich werden gewalthaltige Spiele nicht verschwinden, aber vielleicht war die Rolle als Jugendschreck am Ende eine wichtige für das Medium Videospiel. Oder wie es einst Konrad Adenauer formulierte: „Machen Sie sich erst einmal unbeliebt, dann werden Sie auch ernst genommen.“

SVEN STILLICH, JAHRGANG 1969, IST MITBEGRÜNDER DER MAILINGLISTE *SPIELKULTUR* UND WAR TEXTCHEF BEI DEM MAGAZIN *GEE*, FÜR DAS ER HEUTE KOLUMNEN SCHREIBT. SEHNT SICH SEIT JAHRZEHNTEN NACH EINEM REMAKE VON *PARADROID*.

HERBERT WEHNER * 1906 IN DRESDEN † 1990 IN BONN

DEUTSCHER POLITIKER (KPD 1927 - 1942, SPD AB 1946)
BUNDESMINISTER FÜR GESAMTDEUTSCHE FRAGEN (1966 - 1969)
VORSITZENDER DER SPD-BUNDESTAGSFRAKTION (1969 -1983)

NEBEN SEINEN POLITISCHEN LEISTUNGEN – ER HATTE BEISPIELSWEISE BETRÄCHTLICHEN ANTEIL AM FREIKAUF POLITISCHER HÄFTLINGE AUS DER DDR – MACHTE SICH WEHNER AUCH DURCH SEINE BERÜHMT-BERÜCHTIGTEN ERUPTIVEN AUSBRÜCHE EINEN NAMEN. ER KANN BIS HEUTE DIE MEISTEN ORDNUNGSRUFE IM BUNDESTAG FÜR SICH VERBUCHEN. HELMUT KOHL BEZEICHNETE ER EINMAL ALS „DÜFFELDOFFEL“. POLITISCHE GEGNER WIEDERUM TITULIERTEN IHN ALS „HERR ÜBELKRÄHE“, „HODENTÖTER“, „GENOSSE ARSCHLOCH“ UND ALS „GRÖSSTEN SCHIMPFBOLD IM GANZEN BUNDESTAG“.

SPIELE

UNTER VERW. VON: CATE_89/SHUTTERSTOCK.COM; SQUARE ENIX

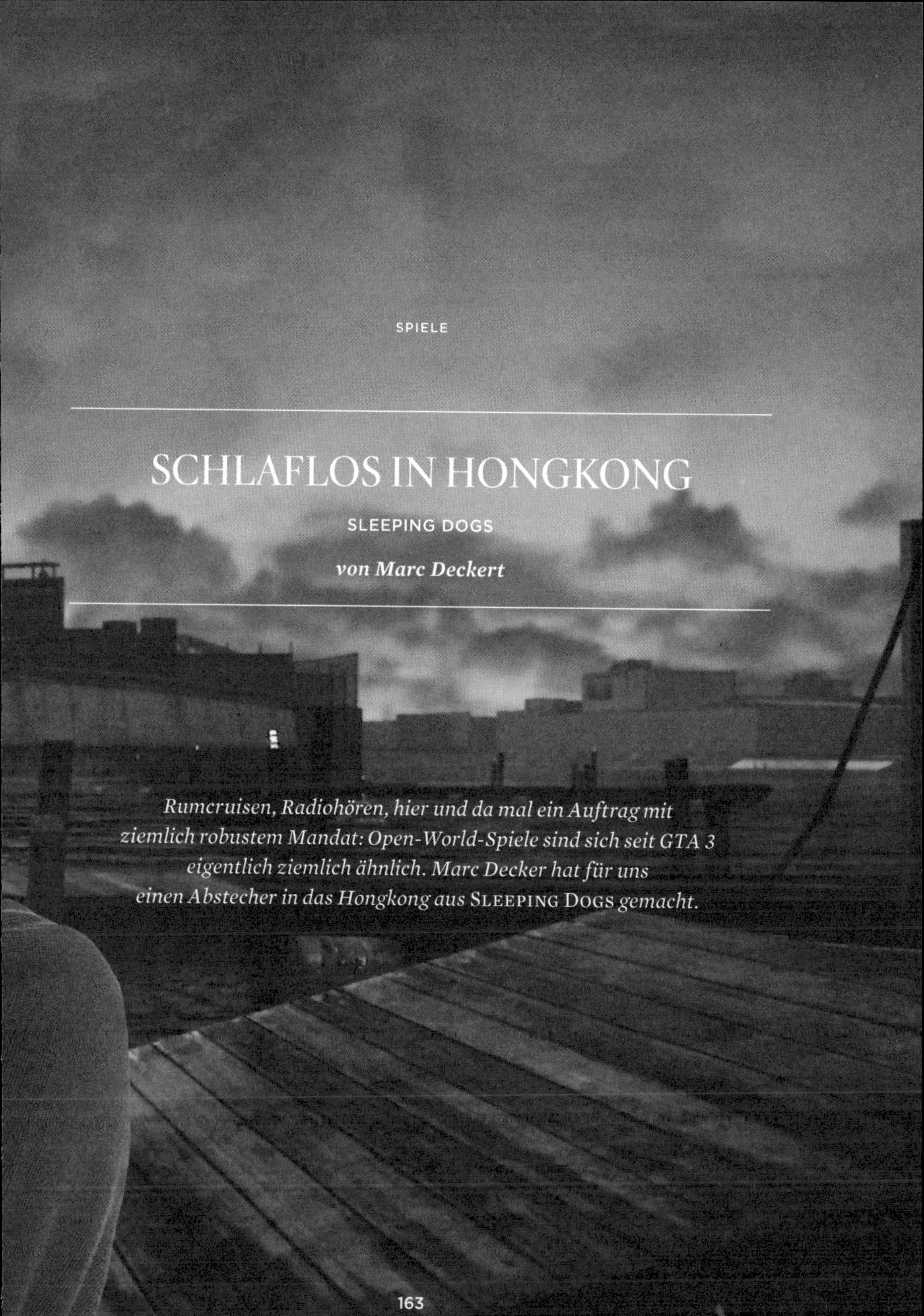

SPIELE

SCHLAFLOS IN HONGKONG

SLEEPING DOGS

von Marc Deckert

Rumcruisen, Radiohören, hier und da mal ein Auftrag mit ziemlich robustem Mandat: Open-World-Spiele sind sich seit GTA 3 eigentlich ziemlich ähnlich. Marc Decker hat für uns einen Abstecher in das Hongkong aus SLEEPING DOGS *gemacht.*

In einem Magazin, das sich an Spieler richtet, mag es etwas müßig sein. Trotzdem: Man kann nicht oft genug über die Großartigkeit von GRAND THEFT AUTO reden. Erinnern sich hier noch alle daran, was für eine Errungenschaft, was für ein kultureller Umbruch GTA 3 war? Auf der eben gekauften Playstation 2 im adäquat benannten Liberty City herumzulaufen, die großen Parks und Boulevards frei zu erkunden und dabei in der Lage zu sein, jedes einzelne Fahrzeug zu stehlen, Taxis oder Krankenwagen zu kapern, die U-Bahn oder sogar Boote zu benutzen – das war die bis dahin größte spielerische Freiheit, die es in einem Game gab. Liberty City war wie ein russischer Roman: groß und detailliert. Es verblüffte nicht nur mit seiner Kühnheit, sondern auch mit seiner Vollständigkeit: die Passanten, die einen auf der Straße einfach mir nichts, dir nichts anlaberten, die kleinen Wetterwechsel, die verbunden mit dem Wechsel der Tageszeiten eine solche Menge verschiedener Lichtstimmungen ergaben, dass man einfach nur herumlaufen und Sonnenuntergänge fotografieren wollte. Und natürlich die eigens für das Spiel erschaffenen Radiosender, die allesamt mit Musik bestückt und samt wahnsinnigen Werbeunterbrechungen die heimliche Attraktion des Spiels waren. Man konnte sich durch diese Stadt wunderbar bewegen, ohne eine einzige Mission zu erfüllen. Es wurde einfach nicht langweilig.

Nun ist aus der einst revolutionären Idee der Open-World-Spiele, in denen Autos gestohlen und rasant gefahren werden dürfen, inzwischen fast ein eigenes Genre geworden. Auf GTA 3 folgten VICE CITY und SAN ANDREAS, es erschienen immer noch größere Ausgaben der gleichen Idee, samt Konkurrenzprodukten wie DRIVER oder MAFIA, die im Direktvergleich immer ein wenig unausgegoren wirkten. Selbst wenn sich die Autos woanders mal besser fuhren oder grafische Verbesserungen lockten: Es war schwierig, den speziellen Witz der GTA-Spiele zu kopieren, den Sarkasmus der Dialoge, die wirklich treffende Gesellschaftskritik sowie die unfassbar neurotischen Charaktere (allein der Bodybuilder Brucie aus GTA 4 würde wahrscheinlich eine eigene Comedy-Serie verdienen). Die GTA-Spiele waren nicht nur gut und clever. Sie eroberten für sich auch eine in der Games-Welt bislang unbesetzte Nische popkulturell informierter Ideologiekritik. Auf diesem Terrain war für die Konkurrenz immer sehr wenig zu holen.

Nun geht mit SLEEPING DOGS ein besonders ausgeschlafener Konkurrent an den Start. Das Spiel um einen Undercover-Cop in Hongkong ist weniger ein enger Verwandter von GTA 4, es ist nahezu ein Klon. AnstattGTA mit seinen

FOTOGRAFIERT VON MARC DECKERT IN SLEEPING DOGS (SQUARE ENIX)

JE SCHÖNER DAS POTEMKIN'SCHE DORF,
DESTO GRÖSSER DIE ERNÜCHTERUNG ÜBER SEINE
BEGRENZTEN MÖGLICHKEITEN.

FOTOGRAFIERT VON MARC DECKERT IN SLEEPING DOGS (SQUARE ENIX)

HONGKONG MIT SEINEN NÄCHTLICHEN STRASSEN
VOLLER LEUCHTREKLAMEN, MIT SEINEN
HÄFEN, BERGEN, GESCHÄFTSVIERTELN, SERPENTINEN
UND ENGEN GASSEN IST VIELLEICHT DIE
PERFEKTE STADT FÜR EIN SPIEL WIE DIESES.

eigenen Ironie-Waffen zu schlagen, geht das Spiel aber klugerweise einen anderen Weg und beackert ein ernsteres Genre: den harten Cop-Thriller asiatischer Machart. Der Aufwand war groß: Synchronsprecher wie Lucy Liu, Emma Stone und Tom Wilkinson. Musik von Warp, Ninja Tune und Richard Wagner (wenn auch im letzteren Fall bedauerlicherweise nicht exklusiv). Mit Hongkong hat das Spiel zudem eine Metropole, die topografisch interessanter ist als jede noch so gut erfundene Stadt. Hongkong mit seinen nächtlichen Straßen voller Leuchtreklamen, mit seinen Häfen, Bergen, Geschäftsvierteln, Serpentinen und engen Gassen ist vielleicht die perfekte Stadt für ein Spiel wie dieses. Fragt sich nur: Wissen wir nach zehn Jahren in Liberty City, Vice City und San Andreas das alles auch zu würdigen?

Spielerisch kommt SLEEPING DOGS anfangs als willkommene Abwechslung daher. In einer ersten langen Verfolgungsjagd flüchtet unser Cop Wei Shen durch enge Gassen, springt über Zäune und durch Scheiben, läuft quer durch Wohnungen, Läden und Restaurantküchen samt panischem Personal und davonflatternden Hühnern. Und hier zeigt sich schon eine Stärke des Spiels: Anders als bei den meisten Fahrspielen, in denen Laufen ein manchmal notwendiges Übel darstellt, macht es in Hongkong ziemlich viel Spaß, Haken schlagend Verfolger abzuhängen. Die ersten längeren Cut-Scenes überraschen ebenfalls, denn die Dialoge der Cops auf dem Revier sind viel weniger hölzern und schematisch, als man befürchten könnte. Wir erfahren zunächst mal Wei Shens Hintergrundstory: Als Jugendlicher aus den bösen Gegenden Hongkongs in die USA emigriert und erst vor kurzem zurückgekehrt, soll er seine immer noch vorhandene Street Credibility und seine übergroßen Drachen-Tattoos nutzen, um die Triaden von unten zu infiltrieren. So könnte auch ein älterer Film von John Woo beginnen. Am stärksten erinnert das Szenario aber an die Filmreihe INFERNAL AFFAIRS aus Hongkong. Die „Paten"-ähnliche Saga um Undercover-Cops in der Mafia und Mafiamaulwürfe in der Polizei diente seinerzeit als Vorlage für Martin Scorseses Oscar-gekrönten Film „The Departed". Und so ähnlich wie bei Scorsese muss man sich auch die Stimmung von Sleeping Dogs vorstellen: unironisch, blutrot gefärbt und ab 18 aus Überzeugung.

Natürlich bleibt SLEEPING DOGS bei allem Realismus immer noch ein Game. Das fällt auf, wenn Wei Shen im Straßenkampf ein halbes Dutzend Gegner plattmacht. Der Kung-Fu-Nahkampf macht jedoch – anders als bei GTA, wo man nie über eine tumbe Kneipenschlägerei hinauskam und im Zweifel lieber zur Uzi griff – ziemlich viel Spaß. Es gibt ausgeklügelte Combos und Würfe, und wer es zum ersten Mal geschafft hat, einen Gegner im Karaoke-Club in ein Aquarium fliegen zu lassen, darf sich freuen, dass man in SLEEPING DOGS gar kein Auto braucht, um großes Chaos anzurichten. Im Kampf gegen viele Gegner hilft nur besondere Fiesheit und ein kreativer Blick auf die Umgebung. Schläger können in Container befördert, gegen Bartresen gerammt oder unter Schaufenstergittern begraben werden: Solche Aktionen füllen ein Respekt-o-Meter und führen dazu, dass die Gegner trotz zahlenmäßiger Überlegenheit irgendwann jede Lust verlieren.

Das Hongkong von SLEEPING DOGS ist oft wunderbar atmosphärisch. Auf dem Nachtmarkt mit seinem Gewimmel meint man die Gerüche der Nudelküchen wirklich in der Nase zu haben. Das Lokalkolorit der Hinterhöfe und kleinen Tempel ist stimmig, auch wenn Wei Shen an Schreinen betet, seine Gesundheitsanzeige mit kleinen Asia-Snacks wieder auffrischt, die Kung-Fu-Schule besucht oder sich am Automaten einen „Dragon Kick"-Energydrink zieht. Wenn die Stadt trotz ihrer vielen Details etwas fassadenhaft wirkt, dann liegt das höchstens am Gewöhnungseffekt: Anders als zu den seligen Zeiten von GTA 3 sieht das geübte Spielerauge eben sofort, dass echte Interaktion nur an ausgewählten Stellen stattfindet. Der grafische Mehraufwand bringt in diesem Fall keine Verbesserung: Je schöner das Potemkin'sche Dorf, desto größer die Ernüchterung über seine begrenzten Möglichkeiten.

Macht der Faustkampf in SLEEPING DOGS überraschend viel Spaß, ist das Autofahren bestenfalls Standard und fühlt sich niemals ganz natürlich an. Es mag am Linksverkehr liegen, vielleicht habe ich persönlich auch noch nicht lange genug gespielt, um bis zu den großartigen Stunts vorzudringen, aber mein vorläufiges Urteil lautet: Sehr viel kann man mit den Autos nicht machen. Drifts mit der Handbremse bringen nichts, bei schnellem Fahren ruckelt die Grafik auf der Xbox 360, noch dazu können die Autos aus unerfindlichen Gründen auch Kung-Fu. Man kann Gegner nicht nur durch Geschwindigkeit und den richtigen Aufprallwinkel demolieren oder von der Fahrbahn rammen, sondern durch eine spezielle Rammfunktion, die auch bei langsamster Geschwindigkeit funktioniert und damit komplett außerhalb der Newton'schen Physik liegt.

Wei Shen kann natürlich Autos sammeln und in Parkhäusern abstellen. Er kann sich auch Klamotten kaufen und verschiedene Gangsterlooks zulegen, die sogar eine Funktion haben. Wer sich wie ein echter Triadenschläger kleidet, erhält Bonuskraft beim Prügeln. Für manche Kleidungsstücke wie Gangster-Sonnenbrillen oder dicke Uhren muss man sich jedoch den nötigen Respekt erst erspielen. Respekt ist überhaupt ein großes Thema in SLEEPING DOGS. Wei Shen erwirbt ihn sich mit allem, was er tut, oder er verliert ihn. Dazu gibt es zwei Skalen, einmal das Ansehen, das er bei den Cops genießt, und das Ansehen bei den Triaden. Sein Ruf als Cop leidet allerdings unter Verkehrsrowdytum – jeder umgefahrene Hydrant gibt schon etwas Abzug. Eigentlich unverständlich: So gibt es beim Fahren zwar keine richtige Handbremse, aber eine eingebaute Spaßbremse.

Viele Autoknackerfähigkeiten und Schlagcombos erwirbt sich unser Held erst im Lauf der Geschichte. Dies kann man gut oder schlecht finden, ich bin kein allzugroßer Fan von Rollenspielelementen in einem Action-Spiel und finde das ständige Aufrüsten und Nachrüsten und Sich-für-eine-Fähigkeit-entscheiden-Müssen eher nervtötend. Auch hier hat GRAND THEFT AUTO in gewisser Weise die Maßstäbe gesetzt, weil es bewiesen hat, dass ein wirklich gutes Spiel ohne solchen Kram auskommt.

Macht SLEEPING DOGS also Spaß? Die schwierigste Frage überhaupt, denn SLEEPING DOGS ist leider ein exemplarischer Fall. Es ist ein gutes bis sehr gutes Spiel, ein Spiel, in dem überdurchschnittlich viel Leidenschaft steckt, und das bei mir – vielleicht leider – keine heiße Liebe erzeugt. Vielleicht erscheint es zu einem Zeitpunkt, da auch ein neues GTA mit gewissen Ermüdungstendenzen zu kämpfen hätte: Der fünfte Teil wird das ja bald zeigen. Ich kann hier nur für mich ganz persönlich sprechen: Der älter gewordene Spieler begegnet der großen Freiheit, die einst so verlockend war, mit einer gewissen Abgeklärtheit. Der ganz große Kick lässt sich einfach nicht wiederholen, auch nicht mit Kung-Fu.

MARC DECKERT IST JOURNALIST UND SCHRIFTSTELLER AUS MÜNCHEN UND LIEBT ES, IN EGO-SHOOTERN GEMÄCHLICH HERUMZULAUFEN UND DIE SCHÖNEN LANDSCHAFTEN UND DIE ARCHITEKTUR ZU BEWUNDERN. SEIN LIEBLINGSSPIEL IST DAS ERSTE *HALO*. SEIN ROMAN *DIE KOMETENJÄGER* ERSCHIEN IM FRÜHJAHR 2012 BEI *BTB*.

AWESOME INC.

FREUD'SCHER VERSPIELER

POLYMORPHOUS PERVERSITY

von Christian Zurschmitten

In den vergangenen Stunden habe ich einen Mann dafür bezahlt, von einem Pferd in den Arsch gefickt zu werden, ich habe einen Transvestiten gefistet und Hinterwäldlern geholfen, Inzucht zu betreiben. Ich habe mich an Bäumen vergangen und sexuell ausgehungerte Mütter befriedigt, ich habe mich in Lederkluft vollpinkeln lassen und selbst ungehörige Jungens genotzüchtigt. Ich habe 45 neue Namen gelernt für Menschen mit Vorlieben, die ich nie kennen wollte, ich habe gebumst, geblasen, gevögelt und Liebe gemacht mit Krüppeln, Models und Wesen allerlei Geschlechts, ich bin an den Rand der physischen und psychischen totalen Erschöpfung geraten, und habe weitergemacht, kopfüber dem Abgrund entgegen. Und nun, da alles vorbei ist, empfinde ich ... nichts. Das ist die bittere Pointe von POLYMORPHOUS PERVERSITY.

Doch was kommt vor dieser ernüchternden Einsicht? Je nachdem, wie schief man den Kopf legt, kann man in Polymorphous Perversity mindestens zwei Dinge erkennen: Ein kleines, kostenloses Spiel, ein in RPGMaker 2003 gefertigter schlüpfriger Witz, der auf dem Weg zwischen Männerumkleidekabine und Psychoanalyse-Proseminar beim Wichsen auf halber Treppe kollabiert ist. Und das jüngste Experiment des brasilianischen Psychologen, Therapeuten und Professors Nicolau Chaud, der hier nicht zum ersten Mal versucht, ausgerechnet mit einem Baukasten für japanische Retrorollenspiele Licht in die finstersten Ecken von Psyche und Eros zu bringen.

In seinen besten Momenten ist Polymorphous Perversity beides zugleich: ein Vexierbild, in dem diese Perspektiven hin- und herkippen und der Anblick einer grotesken Abartigkeit ein Lachen hervorzwingt, das gleich wieder im Hals stecken bleibt. In seinen schlechtesten Momenten hält Polymorphous Perversity dagegen weder der einen noch der anderen Sichtweise stand, und Momente intendierter Ernsthaftigkeit ersticken in Schwaden von Axe und Testosteron.

"THIS IS A PRETTY COOL PLACE. I WAS A LITTLE OVERWHELMED AT FIRST, ALL THE SEX STILL MAKES ME A LITTLE CRAZY."

Chauds Experimentierwille entspringt einer einfachen Erkenntnis: Computerspiele haben Sexualität bislang meistens ignoriert, allenfalls noch gezeigt, aber kaum je wirklich reflektiert. In einem Anfall von Überkompensation jagt Chaud deswegen alles durch den RPGMaker, was der unendlich dehnbare Begriff *Sex* aushalten kann – in keinem geringeren Namen als jenem Sigmund Freuds. Der Titel des Spiels bezieht sich auf eine seiner Thesen, wonach das Kind, dieses scheinheilige Schlitzohr, es faustdick in der Hose hat: Dem Nachwuchs fehlt nämlich das Gespür für die Dämme und Wälle, hinter die die Erwachsenenwelt das sozial und sexuell Nichtakzeptable verbannt. Insofern kommen wir, so der Buschdoktor aus Wien, alle vielfältig pervers veranlagt in diese Welt, und lernen später, so wir denn brav sind, unsere Triebe, unsere Paraphilien und Neurosen unter Kontrolle zu halten.

Chauds Polymorphous Perversity ist alles andere als brav: Das Spiel wirft seinen Protagonisten in eine gänzlich (und gänzlich bewusst) männlichen Fantasien entsprungene Welt, in der Palmen Mösen tragen, Plastik-Porno-Pop über den Wipfeln schwebt und niemand über die reine Versautheit kindlicher Sexualität hinausgekommen ist. Zwischen normal und pervers,

Mann und Frau, Mensch und Tier mag man hier nicht so richtig unterscheiden; gefickt wird, was bei drei nicht seine Löcher verschlossen hat, ohne dass dabei das Vergnügen im Vordergrund stehen würde. Der Protagonist sieht sich nämlich von einer unkontrollierbaren Lust verfolgt, die befriedigt werden will, wenn nicht sein Penis explodieren soll. (Kein Euphemismus für den Cumshot, sondern blutige und finale Realität in dieser zügellosen Welt.) Der Drang wird somit zur Tortur, und die Suche nach einem Weg zurück in die Normalität zur obersten Priorität für den Protagonisten cum Spieler – ein Weg, der an tausend Abartigkeiten vorbei hin zu einer entgeisterten Erkenntnis führt. So weit Chauds ernstgemeinte Ambitionen.

"IF YOU ARE HERE, THERE ARE WALLS INSIDE YOU THAT NEED TO BE BROKEN. IT IS A QUEST FOR LIBERATION."

Diese Ebene wird aber ständig gekreuzt von einer zweiten, die unter der Gürtellinie verläuft und POLYMORPHOUS PERVERSITY zur reinen Farce macht. Das liegt durchaus in der Natur der Sache selbst: Die Idee, diese schrankenlose Welt ausgerechnet mit den beschränkten Mitteln des RPGMAKERS erschaffen zu wollen, ist an sich schon grotesk genug, und Chaud zieht die logische Konsequenz daraus: Die Welt, sie muss so grotesk wie möglich gezeichnet werden. Dabei gewinnt Chaud der Krümelengine, die in der Regel genutzt wird, um unschuldige 16-Bit-Kindheitserinnerungen wiederzuerwecken, durchaus Stärken ab: So ist POLYMORPHOUS PERVERSITY zwar entschieden porno, aber nur im weitesten Sinne grafisch, und erst dies macht das Spiel eigentlich erträglich: Chaud stieß bei seinen Erkundungen der Untiefen des menschlichen Geschlechtstriebs auf Dinge, die selbst einem Psychoanalytiker die Lust aufs Beobachten nachhaltig austreiben können. Und er forderte, in einem konzeptuellen Kunstgriff über die Grenzen der Fiktion hinaus, die Leser seines Blogs auf, ihm versaute Fotos und Fantasien zu schicken. Vieles, sehr vieles davon hat seinen Weg ins Spiel gefunden: POLYMORPHOUS PERVERSITY bietet mehr Weichteile als ein Austerndinner auf Chatroulette. Aber da die Auflösung der RPGMAKER-Engine über die Grobpixelästhetik japanischer Genitalienschnappschüsse nie hinauskommt, bleibt doch vieles im Dunkeln des eigenen Vorstellungsvermögens. Je nach dessen Beschaffenheit dürfte dies zu unterschiedlichen Arten von Erregung führen.

Eine Sache, die durchaus auch erregt wird beim Spielen, ist Ärger. Das Bedauerliche dabei ist, dass die Provokation nicht jene zu sein scheint, auf

AWESOME INC.

die Chaud es anlegt: Wer diese Welt mit ihren zahllosen Vergehen gegen den guten Geschmack freiwillig betritt, der wird sich an den grobgezeichneten Darstellungen von Abasiophilie bis Zoophilie kaum stören. Störend sind vielmehr Momente, in denen – wie etwa im Fall der irritierend negativen Darstellung von Transsexualität – plötzlich unklar wird, ob wir es noch mit der Satire auf den Männlichen Blick zu tun haben oder mit einem Blick auf den entblößten Schöpfer dieser Welt. Doch Chaud versteht es in der Regel, die schier endlosen Fallgruben zu umgehen, die sein Projekt eröffnet – als Konzept bleibt POLYMORPHOUS PERVERSITY, bis es zum Schluss- und Höhepunkt kommt, trotz aller gewollten und ungewollten Entgleisungen faszinierend. Es stellt wenige Fragen, aber vieles in Frage, und auch wenn die Antworten, die es darauf gibt, teilweise zu unklar sind, so hat es doch eine klare Linie: Eine Linie, die von der Durchkreuzung aller Selbstverständlichkeiten konsequent weiter gezogen wird, bis sie eine deutliche Position markiert – eine durch und durch pessimistische, die letztlich provozierender ist all die exotischen Sexpraktiken, die das Spiel zeigt. Und es sind tatsächlich Gedanken, die POLYMORPHOUS PERVERSITY provoziert, und nicht nur Gelächter und Gestöhne. Insofern scheint Chauds Experiment gelungen.

"LOVE? NO SUCH THING. JUST A REPRESSED WAY OF DEALING WITH ANIMAL SEXUAL URGES.."

Und doch ... all dies ist letztlich Kopfsache, und der ist bekanntlich nicht das einzige Geschlechtsorgan. Unterhalb des Kopfs, unterhalb des Theorie- und Konzeptgewichses, findet sich eben auch: ein Spiel. Ein Körper. Und der ultimative Störfaktor. Denn die Reaktionen auf das Spiel, das POLYMORPHOUS PERVERSITY trotz allem eben auch ist, sie sind durch und durch körperlich: Zermürbung. Frustration. Wut. Nicht auf das Konzept, sondern auf die Umsetzung.

Chauds frühere Experimente, allen voran das weit gelungenere und verstörende DUNGEONEER: BEAUTIFUL ESCAPE, waren zwar nicht weniger verkopft, aber sie waren kurz, schnappende Angriffe auf das Empfindungsvermögen, die in kaum dreißig Minuten mehr und heftiger trafen, als dies vielen Spielern lieb sein konnte. Mit POLYMORPHOUS PERVERSITY hat sich Chaud aber gehen lassen. Als wäre die Kompaktheit von Chauds früheren Spielen nicht genug, um die Gesamtheit der Perversitäten dieser Welt abbilden zu können, wurde POLYMORPHOUS PERVERSITY über die Maßen aufgebläht: Thematisch deplatziert wirkende Minispiele erweisen sich als völlig nutzlos, Nebenquests sind öfters nebulös als stimmig-bizarr, und die Kämpfe, die hier als Wettficken inszeniert sind, laufen hinaus auf reines Trial & Error, das nicht einmal dem Liebesleben eines 14-Jährigen mit einer Freikarte für den Puff gerecht würde. Der endgültige Lusttöter sind aber absolut undurchsichtige und überflüssige Puzzles und ein vollkommen willkürlicher Schwierigkeitsgrad, der nur mit einem Übermaß an Glück und schierem Willen überwunden werden kann.

"THAT IS THE WORST FEELING. THAT I'M DEAD WHILE STILL LIVING.
I THINK I NEED THE RUSH, THE THRILL, BUT I MAY BE DOING IT WRONG."

Die traurige Wahrheit von POLYMORPHOUS PERVERSITY ist letztlich, dass es jenseits seines österreichischen Theorieunterbaus vollkommen freud-los ist. Nur schon, dass man darüber reden muss, scheint verkehrt: *Spaß* ist selten etwas, das man erwarten sollte, wenn man sich auf ein Nicolau-Chaud-Experiment einlässt. POLYMORPHOUS PERVERSITY weckt diese Erwartungen aber selbst mit seinem ständigen halbherzigen Griff zum Genre-Grabbeltisch, bevor es diese Erwartungen konsequent und entgegen den eigenen Ansprüchen wieder enttäuscht. POLYMORPHOUS PERVERSITY will Spiel sein, doch es kann den damit einhergehenden Maßstäben nicht gerecht werden: Es langweilt, trotz all seiner Absonderlichkeiten, und es frustriert. Im Frust aber zeigt sich das Spiel nackt – reduziert auf reine Mechanismen, deren Justierung zuallererst Arbeit bedeutet, und einen daneben liegenden Stapel abgestreifter Sexattribute, die unter dem stumpfen Blick des erschöpften und enttäuschten Spielers plötzlich billig auszusehen beginnen. Dies ist zwar durchaus nicht unpassend für das distanzierte Bild von Sex und Liebe, das POLYMORPHOUS PERVERSITY schlussendlich zeichnet; aber als Pointe ist diese kühle Distanz nichtsdestoweniger nichts anderes als: unbefriedigend.

"ABSTINENCE IS THE KEY. SEX WILL RUIN EVERYTHING."

[Dieser Text erschien zunächst in einer kürzeren Version auf Superlevel.de]

CHRISTOF ZURSCHMITTEN SCHREIBT, WENN MAN IHN LÄSST. FINDET PFERDE NICHT SONDERLICH ATTRAKTIV, AUCH WENN ER GLAUBT, DASS SIE IN EINER WELT OHNE WIRBELSÄULEN KÖNIGE UNTER DEN GROTESKEN ANBLICKEN WÄREN.

„ILOVEIDEOLOGISCH ESGEDANKENGUT“

AUFBRUCH BAYERN

von Achim Bogdahn

Achim Bogdahn ist seit Urzeiten Fan des 1860 München, watet also seit einer gefühlten Ewigkeit durch ein Stahlbad aus Leiden und Entbehrungen. Als sei das nicht genug der Pein, musste er jetzt für die WASD auch noch das offizielle Computerspiel der bayerischen Staatsregierung ausprobieren.

Spezialitäten
aus
Bayern

Meine Computerspielvorbildung beschränkt sich auf ein bisschen PAC-MAN spielen, damals, im Pleistozän der Games, und auf eine Viertelstunde Tennis mit der Wii-Console (dies wiederum mit der Folge, dass ich tagelang unter einem Tennisarm litt). Aber vielleicht bin ich auch genau die Zielgruppe der Staatsregierung: Ich bin noch nicht verdorben durch ultraschnelle Fußballsimulationen oder derbe *Killerspiele*. Ich brauche nicht 80 Mittelaltercharaktere und auch nicht x verschiedene Achievements und Levels, um glücklich zu sein. AUFBRUCH BAYERN ist ein Browserspiel (oder, wie Horst Seehofer sagen würde, „ein Brauser-Spiel“, als ob es um Autobahnraser oder ums Duschen gehen würde), das man „ganz einfach online“ spielen kann. Gratis! Man muss sich nur vorher bei der Staatsregierung registrieren lassen. Den Highscore hält momentan ein Spieler namens „Iloveideologischesgedankengut“, knapp vor „Thueringen4tw“ (dürfen die überhaupt mitspielen, die neuen Bundesländer?). Das Zeil (pardon, das war ein Freud'scher Verschreiber, in Gedanken an den bayerischen Wirtschaftsminister), Ziel des Spiels ist es, einer blonden Pixelbavaria eine virtuelle Gipfelfahne zu bringen. Klingt dadaesk. Ist dadaesk.

Und es geht gut los. Es dauert erst mal minutenlang, bis auf einer weißen Oberfläche irgendetwas passiert. Eine herrliche Entschleunigung ist das, ich kann währenddessen Kaffee kochen, Einkaufen gehen – immer noch nichts –, das Abitur nachmachen, einmal schlafen und – hui! – schon sind wie durch Zauberhand Vogelstimmen da. Dieser Special Effect flasht mich schon dermaßen, dass ich schier austicke, als ich anschließend mit einem virtuellen Ruderboot über einen virtuellen Teich muss, wobei mich die besagte aufgepimpte Pixelbavaria begleitet, die aussieht wie der junge Thomas Gottschalk. Wow! (Um mal mit Markus Lanz zu sprechen.) Zu Beginn der Reise muss ich mich auch noch entscheiden zwischen den Optionen „Ich gebe alles für die Familie“, „Ich kämpfe für beste Bildung“ oder „Ich setze mich ein für neue Ideen und Erfindungen“. Das ist härter als CALL OF DUTY: BLACK OPS 2. Kaffeepause. Jetzt geht's aufs Ganze, ich muss krasse Fragen beantworten wie „Welcher Landkreis in der Oberpfalz wird auch „Land der Tausend Teiche genannt? A) Tirschenreuth? B) Straubing? Oder C) Miesbach?“ So was nennt mal wohl *Zombie-Modus*. Wenn ich dieses gefährliche Abenteuer überstanden habe, bekomme ich eine virtuelle Energiesparlampe. Es gibt hier kein *need for speed*, man darf sich in aller Ruhe auf das nächste Abenteuer freuen, nämlich dass man bei diesem Zeitlupentrip virtuelle blaue, hellblaue oder

Einmal schlafen und – hui! – schon sind
wie durch Zauberhand Vogelstimmen da.

weiße Diamanten sammelt. Und wer das schafft, bekommt als Belohnung ein Pop-up-Fenster mit der wertvollen Info, dass „Bayern von 2008 bis 2014 insgesamt 8 209 neue Lehrerstellen schafft“, und – Gipfel der Spannung – man kann eine Seilbahn oder ein Pumpspeicherkraftwerk bauen. Ganz am Ende – der Adrenalinspiegel kocht – darf man sich mit seinen Punkten in die „ewige Liste von Bayerns Helden“ eintragen, wenn man Glück hat vor „iloveideiologischesgdankengut“. Ein Kölner (!) Entwicklerteam hat dieses Killer-Spiel entwickelt, für angeblich nur 100 000 Euro. Das ist so abgefahren, so crazy, ich werde in Zukunft nichts mehr anderes spielen, und auch alle meine Freunde, rund um die Uhr. Das ist Gaming der neuen Generation – AUFBRUCH BAYERN rules! Das Ganze ist ein Computer-Spiel-Unikum, oder, wie wir in Bayern sagen: ein CSU. Oder ist es am Ende nur ein gut getarnter Bayerntrojaner?

ACHIM BOGDAHN IST MODERATOR BEIM BAYERISCHEN RUNDFUNK UND KOLUMNIST (U.A. BEI DER *TAZ*). AM COMPUTER MAG ER DIE TASTEN MIT DEN BUCHSTABEN DRAUF, WEIL MAN DAMIT SO SCHÖNE WÖRTER TIPPEN KANN. VON GAMES HAT ER KEINE AHNUNG, ABER JETZT WIRD ALLES ANDERS, DENN *AUFBRUCH BAYERN* HAT IHM VÖLLIG NEUE HORIZONTE AUFGEZEIGT.

AMANITA DESIGN

SPIELE

IST DAS ALLES SCHÖN!

BOTANICULA

von Rike Campen

Surreal, liebenswert und wunderschön: Vor drei Jahren verzauberte MACHINARIUM *die Adventure-Fans. In dem Nachfolger dreht sich alles um Pflanzen, Samen und Getier. Ein Spiel für unsere Biologie-Expertin Rike Campen.*

Man weiß offenbar um meine charakterlichen und motorischen Anlagen, denn mir wurde ein Bio-Spiel zugeteilt. Es ist ab sechs Jahren freigegeben. Es heißt BOTANICULA. Ob ich das schaffen kann? Trotzdem fraglich. Da steht, ich soll mich in die Erde begeben und einen Samen pflanzen, um meinem Volk eine neue Heimat zu schaffen. Ich bin ab sechs Jahre alt und ein Volk untersteht mir. Ich bin die Infantin! Das gefällt mir.

Da steht aber auch, ich habe fünf Freunde. Das macht mir jetzt schon Angst. Es fällt mir schwer, fünf reale Freunde zu handhaben. Irgendwer kommt immer zu kurz. Wird es auch hier so sein? Werden handgezeichnete Figuren sich von mir abwenden, enttäuscht von meinem Desinteresse, ernüchtert ob meiner mangelnden psychischen und physischen Präsenz, erbittert ob meines gesellschaftlichen Phlegmas? Ach, aber dann drück ich einfach Escape. Auf sowas hab ich überhaupt keinen Bock.

Beim letzten Mal bin ich am Dreispielermodus verzweifelt. Bevor ich auch nur die richtige Taste zum Wechseln der Figur gefunden hatte, hatten mir bereits eine Handvoll Kobolde den Schädel eingeschlagen. Wie soll ich fünf Freunde handhaben? Wie oft werde ich diesmal sterben müssen? Und wer wird wie oft mit mir sterben? Und hoffentlich sind die, die da sterben werden, nicht allzu niedlich. Denn das lässt das Cover des Spiels befürchten. Dass alles ganz schrecklich entzückend sein wird.

Erstmal einen Kaffee. Erstmal durchatmen. Das Spiel ist für Sechsjährige. Ich werde das schaffen. Jawohl. Aber bevor ich anfange, muss ich noch einkaufen, den Müll runterbringen, den Hund lüften, vielleicht ein bisschen was kochen. Das Gehirn braucht schließlich seine Kohlenhydrate. Und was sind das da eigentlich für komische Fussel? Die müssen weg, sonst kann ich mich nicht konzentrieren. Aber dann. Dann geht's los. Ganz bestimmt.

Ich habe neulich einen Artikel über Prokrastination gelesen. Ich habe durchaus etwas daraus mitgenommen. Man soll zum Beispiel seine Arbeitszeit bewusst stark verkürzen, um ihr einen höheren Wert zu geben. In dem Artikel stand, am Anfang auch einfach mal nur zweimal am Tag 20 Minuten, bis das gut klappt. Dann kann man seine Arbeitszeit schrittchenweise verlängern. Aber nichts überstürzen. In der Arbeit ziehe ich das längst so durch und fühle mich seitdem wesentlich besser. Ich werde es nun auch auf das Spielen anwenden.

So dachte ich. Zwei weitere Wochen gingen ins Land. Allerletzte verlängerte Gnadenfrist. Und deshalb fang ich jetzt einfach mal an. Scheiß auf Strategien

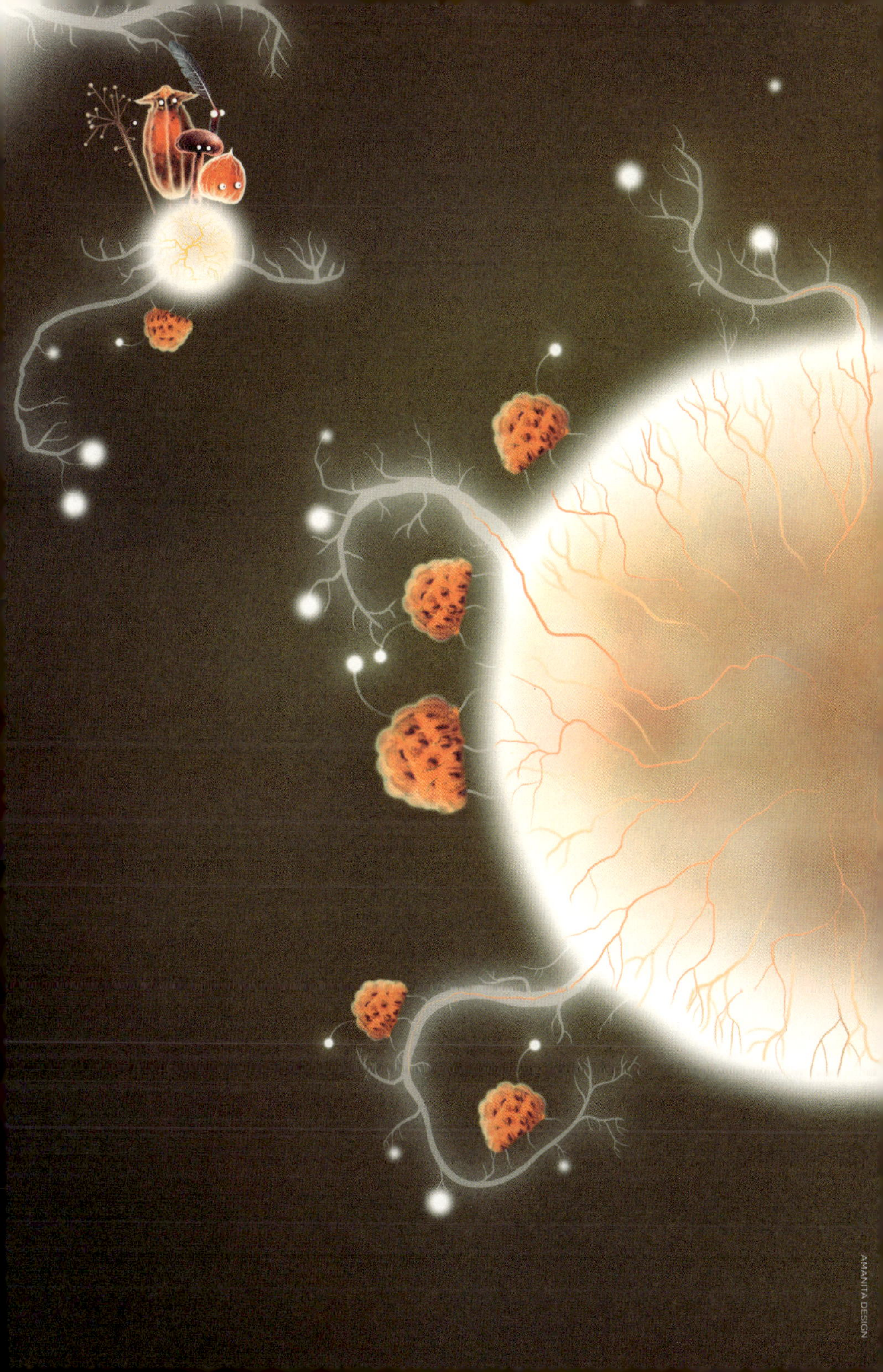
AMANITA DESIGN

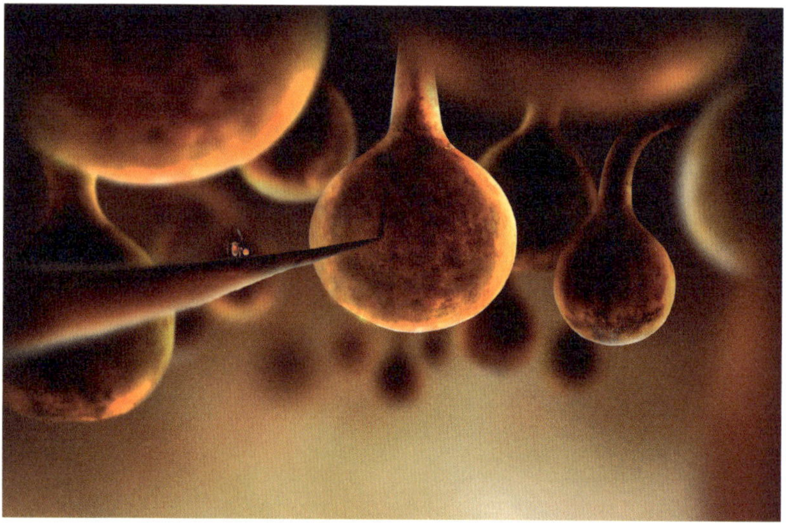

STRATEGIE? NICHT NÖTIG. NICHT ERWÜNSCHT. VIEL ZU STRESSIG.

und künstlich verwertvollte Zeit. Es geht nichts über blanken Druck und ein nagendes schlechtes Gewissen.

Die PC DVD-ROM ist originalverpackt. Hatte wohl vorher noch keiner Lust drauf. Naja. Mühsam. Ein Sicherheitssiegel. Eine Klarsichtverpackung. Alles schön verschweißt. Man muss sich den Zugang zur limitierten Erstauflage offenbar hart erarbeiten. Doch das ist es wert. Im Inneren der Soundtrack der Alternative-Band DVA (wer kennt sie nicht) und ein Poster meiner fünf neuen Freunde (wer will das nicht überm Bett haben). Ich bin verzückt. Schon bevor ich die „atmosphärisch dichte Musikuntermalung" genießen kann, bin ich bezaubert. Und alles so schön grün. Ich mag grün.

Und so geht es weiter, auch dann innen drin im Spiel. Ist das alles schön! Es vergehen zehn Minuten. Da steht eine Pflanze. Wabernde elektronische rhythmuslose Musik. Weiße Pünktchen fliegen durch die Luft. Immer noch schön. Ich werde ein bisschen müde. Sollte nicht mal irgendwas passieren? 15 Minuten. Mensch, das dauert aber ... ah! Escape. Und dann Start. Ein kleiner, wortloser Vorspann. Kastanien wackeln durchs Bild, die Musik zieht minimal an. Doch dann: Da steht eine Pflanze. Wabernde elektronische rhythmuslose

AMANITA DESIGN

Musik. Weiße Pünktchen fliegen durch die Luft. Ich bin in einer Endlosschleife. Mitten drin im ewigen Kreislauf des Lebens. 20 Minuten sind vergangen, und ich konnte das Spiel noch nicht starten. Offenbar. Ich klicke ein bisschen rum, erwische eine Knospe, und dann, dann geht's plötzlich los. Ganz langsam.

Meine ökologischen kleinen Freunde heißen Mr. Lantern, Ms. Mushroom, Mr. Twig, Mr. Feather und Mr. Poppyhead. Poppyhead erschließt sich mir nicht direkt, ich google das also mal. Irgendwas mit Mohn vielleicht, poppy flower. Und tatsächlich, der Themenbereich stimmt. Poppyhead „is a slang term for someone who uses opium in any of its forms". Da geht bestimmt was mit Ms. Shroom.

Die Macher des Spiels können davon wohl ein Liedchen singen. Diese handgezeichneten Schauplätze, die ganzen albernen Details! Die quietschigen *Uppaaahs* und *Juhuuus* der Protagonisten und diese wahnsinnig beruhigende Musik ... Sowas fällt einem nicht einfach so ein. Da steht kein unverändertes Bewusstsein dahinter, sondern zumindest ein erweitertes, wenn nicht überdehntes. Action sucht man vergebens. Deshalb kann man auch nicht auf Pause gehen. Muss man nicht. Man geht dann halt weg. Und wenn man wieder kommt, ist – genau – überhaupt gar nichts passiert. Alles erschließt sich von selbst, wenn man nur lang genug herumklickt. Bedienung über eine Maustaste. Das schaffe sogar ich. Man kann viele Dinge anklicken, ohne dass das irgendeinen Einfluss auf die Handlung hätte. Da ploppt dann irgendwas raus oder ein Insekt wackelt durchs Bild. Einfach nur, weil es niedlich aussieht. Strategie? Nicht nötig. Nicht erwünscht. Viel zu stressig. Dafür hat man Zeit, sich die ganzen Sachen anzugucken, die Blätter und Blumen und das ganze Getier.

Und sterben kann zum Glück keiner. War doch alles gar nicht so schlimm. Nächstes Mal, da schieb ich das nicht wieder so lang vor mir her. Da fang ich gleich an. Mäßig, aber regelmäßig.

RIKE CAMPEN IST ZOOLOGIN UND PROMOVIERT IN MÜNCHEN ÜBER DIE HERZEN VON REPTILIEN. DIE BEZIEHUNG DER NATURLIEBHABERIN ZU COMPUTERSPIELEN LÄUFT SEHR LANGSAM UND STOCKEND AN. MAN MÖCHTE SICH NOCH NICHT FEST BINDEN. SCHLIESSLICH WEISS MAN NIE, OB ES SICH LOHNT, SEINE FREIHEIT AUFZUGEBEN.

ANNA EMPATHY

DYS4IA

von Katja Huber

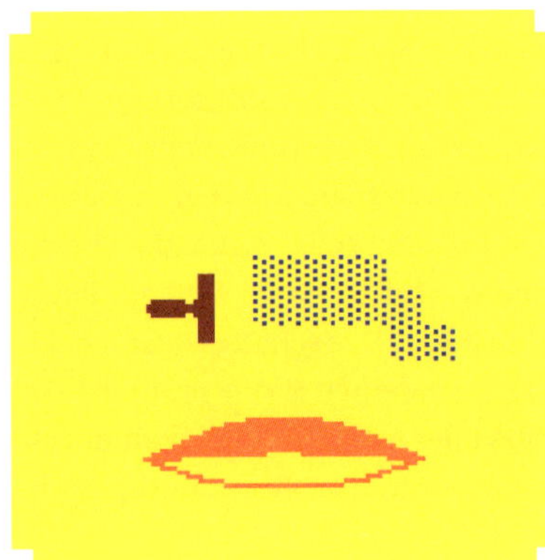

Als eine, die Mainstream-Games nur in Form von ein paar Titeln kennt, Independent-Games überhaupt nicht, und die ihre gesamte spätestens im Jahr 1990 abgeschlossene Computerspielsozialisation Alexej Padtschitnow und Wadim Gerasimow zu verdanken hat, habe ich den Eindruck, der Genderdiskurs des Genres beschränkt sich bis heute auf Fragen wie „Ist Lara Croft feministische Ikone oder Cyberbimbo?" oder „Wie kann ich das Geschlecht meines Avatars ändern?".

Ob sich dieser Eindruck wesentlich von Eindrücken derjenigen Menschen unterscheidet, deren Computerspielerfahrungen weit über Tetris hinausgehen, weiß ich nicht, soll heißen: keine Ahnung, ob, und wenn ja, wann und wie die Genderdiskussion im Computerspiel angekommen ist.

Anna Anthropy alias dessgeega alias Auntie Pixelante ist eine US-amerikanische Spieledesignerin und Transfrau. Ihr Lieblingswort ist *pervert*, ihre Spiele erforschen die Beziehung von Sadismus und Gamedesign, sie tragen Titel wie Mighty Jill off, Mind Fuck, Calamity Annie, Chicanery oder Lesbian Spider Queens of Mars, und da all diese Spiele von Annas eigenen Erfahrungen geprägt sind, fände sie es seltsam, wenn ihre Charaktere nicht lesbisch oder pervers wären.

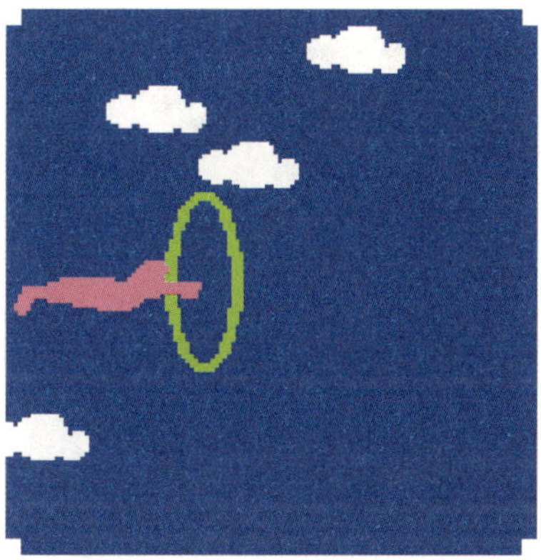

Als heterosexuelle Frau, die ein Computerspiel großartig findet, wenn es mir die Möglichkeit bietet, mithilfe von verschiedenartigen Bausteinen lückenlose Reihen zu bilden und dabei genauso schlichte, banale und irrelevante Gedanken zu entwickeln wie beim Legen eines 3000-teiligen Schloss-Neuschwanstein-Puzzles, muss ich davon ausgehen, dass mich Computerspiele, die über diese Möglichkeit hinausgehen, (vermutlich 99 Prozent aller heute existierenden Computerspiele?) hoffnungs- und erbarmungslos überfordern.

dys4ia ist ein abstraktes, autobiografisches, browserbasiertes Video-Game, das dem Spieler Anna Anthropys Erfahrungen mit Geschlechtsidentitätsstörung und Hormonbehandlung veranschaulichen soll, und zwar indem er die

Level *Gender Bullshit, Medical Bullshit, Hormonal Bullshit* und ein viertes, zu Beginn des Spieles noch undefiniertes Level durchläuft.

Noch vor dem Drücken der Entertaste setzt bei mir die Überforderung ein, unmittelbar danach die Empörung: In einer simplen Grafik werde ich mittels hellgrün blinkendem Pfeil dazu aufgefordert, mithilfe der Cursortasten ein hellgrünes Bauteil in eine gelbe Ziegelmauer einzufügen. Sobald der Versuch gescheitert ist, werde ich mit dem Schriftzug *I feel weird about my body* belohnt, und wenn mein Gegenüber jetzt nicht DYS4IA wäre, sondern Anna Anthropy persönlich, würde ich sowohl der Spieledesignerin als auch der Transfrau sagen: Lass den Russen ihr TETRIS und die Genderfrage Adornopreisträgerinnen! – doch dann beginnt er, der Spießrutenlauf erniedrigender

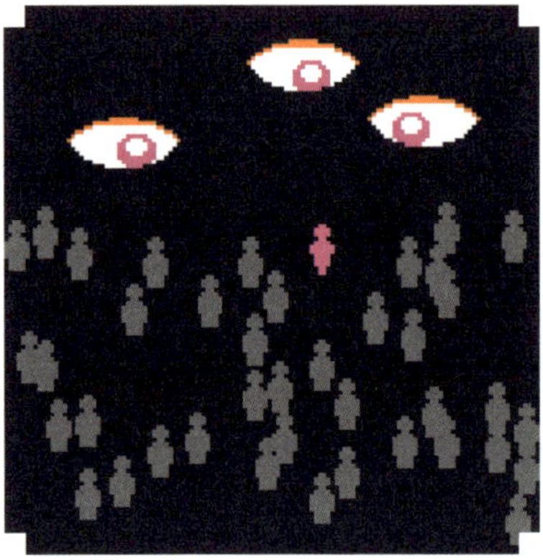

Alltagserfahrungen, und die Erniedriger stammen aus allen Lagern: Feministinnen, die die Transfrau nicht als Frau akzeptieren, Modedesigner, in deren Girly-size-Shirts keine normale Transfrau passt, Mitmenschen, die Transfrau mit *Sir* ansprechen, Einwegrasierer, die den Bart entfernen, nicht aber den Bartwuchs, Damentoiletten, in denen sich Transfrau als Spionin vorkommt – und schließlich die Entscheidung: Hormontherapie.

Level zwei (*Medical Bullshit*) und drei (*Hormonal Bullshit*) zeigen die Schwierigkeiten bei der Suche nach einer geeigneten Klinik, standardisierte Personalia-Formulare, die Transfrau auf der Identitätssuche in Identitätskrisen stürzen, verständnislose Ärzte, gewollte und ungewollte körperliche Veränderungen während der Einnahme von Hormonen, ungewollte Gefühlaus- und -einbrüche, gutgemeinte, aber schlecht zu verkraftende Ratschläge von Freunden und Familie und schließlich Level 4: *It gets better?* Mit großem Fragezeichen.

Als mir kurz vor Spielende die Botschaft *It's a small thing, but I feel like I've taken the first steps to something tremendous!* präsentiert wird, habe ich keine fünf Minuten mit vier Cursortasten verbracht, mich spielerisch nicht annähernd so verausgabt wie weiland bei acht Stunden TETRIS und bin doch völlig erschöpft. Der Perspektive *der* oder von mir aus auch nur einer einzelnen Transfrau bin ich in diesen fünf Minuten vermutlich näher gekommen als in Zeiten, in denen ich noch Gender-Studies-Seminare besuchte, und die

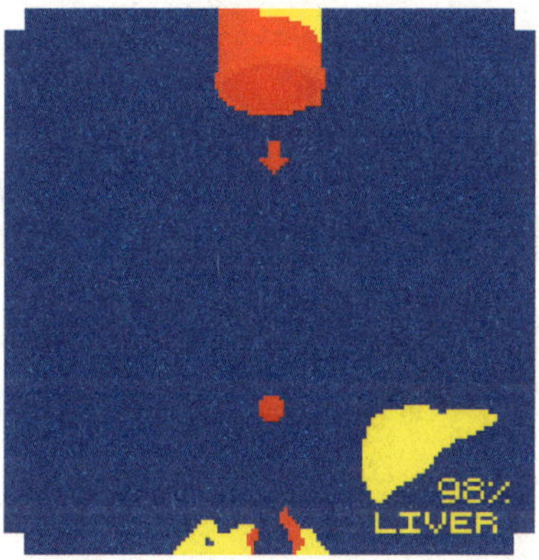

großen Russen kommen mir plötzlich viel kleiner vor. Mit Computerspielen kenne ich mich genau so wenig aus wie vor fünf Minuten, aber wenn mir die Spieledesignerin UND Transfrau JETZT gegenüber sitzen würde, würde ich sie garantiert mit Anna Empathy ansprechen.

KATJA HUBER IST HÖRSPIEL- UND PROSA-AUTORIN. IM FRÜHJAHR ERSCHIEN IHR DRITTER ROMAN *CONEY ISLAND* IM *SECESSION VERLAG*.

gone home
THE FULLBRIGHT COMPANY

IST DA JEMAND?

von Jan Bojaryn

Steve Gaynor hat der BIOSHOCK*-Serie seinen Stempel aufgedrückt. Jetzt gründet er ein kleines Studio in der Provinz und entwirft mit* GONE HOME *den Ausflug in ein leerstehendes Haus irgendwann in den 90er-Jahren.*

VOYEURISTISCHES GLÜCK DES HERUMSTÖBERNS IN FREMDEN SCHUBLADEN

Niemand antwortet. So fangen Krimis an, oder Horrorfilme. Man betritt ein Haus und denkt, hier müsse noch jemand sein. Eine Tür aufstoßen und fragend in den Raum rufen, aber keiner meldet sich. Der Blick huscht über offene Zigarettenschachteln, zerknüllte Plastiktüten in den Ecken des Raumes. Was ist hier passiert? Warum antwortet niemand? Die Spannung wird meist nicht lang gehalten. Im TATORT liegt der Hausmeister erschlagen im Ohrensessel. In der Wirklichkeit verrät schon der Geruch nach Staub und Schimmel, ob ein Haus leer steht.

In GONE HOME antwortet niemand. Dabei sieht alles bewohnt aus, wie gerade erst verlassen, als müsste der Kaffee noch aus den Tassen dampfen. Entwickler Steve Gaynor nennt es das „Goldlöckchen-Gefühl" – als könnten die drei Bären jederzeit heimkommen. Irgendetwas ist passiert. Und das anfängliche voyeuristische Glück des Herumstöberns in fremden Schubladen weicht dem gähnenden Schrecken, dass den vom Familiengemälde grinsenden Bewohnern etwas passiert sein muss.

„Wir wollen, dass du denkst, diese Leute existierten noch, sie befänden sich in genau der Situation, zu der die Ereignisse gerade geführt haben, im Hier

„WIR WOLLEN, DASS DU DENKST, DIESE LEUTE EXISTIERTEN NOCH …“

und Jetzt. In einem Spiel, in dem du nur erkundest und Spuren entdeckst, ist es wichtig, die Relevanz für gegenwärtige Ereignisse zu spüren. Sonst bleibt nur archäologisches Interesse.“

Mit beiläufiger Brillanz brummt Gaynor in sein Mikrofon, überhastet, als lese er mir vorbereitete Stichpunkte vor. Wir haben uns zum Interview verabredet, er kennt mich noch gar nicht. Unbetont fasst er zusammen, was er in der Sekunde des Luftholens bereits präzise durchdacht hat. Man kann ihn nicht auf dem falschen Fuß ertappen, höchstens langweilen.

Mich interessiert, warum er nach seiner gefeierten Download-Kampagne Minerva's Den, die als Nebengeschichte Bioshock 2 ergänzte, einfach ausstieg. Seine kurze Erzählung um Liebe, Besessenheit und künstliche Intelligenz war besser als das Hauptspiel. Nun durfte er an Bioshock Infinite mitarbeiten, dem nächsten großen Shooter in einer gefeierten Serie. Andere Entwickler würden sich zerreißen, um mit dem Studio Irrational Games Spielgeschichte schreiben zu dürfen. Gaynor ist lieber nach Portland gezogen, etwas zu weit von Seattle entfernt. Er hat eine Handvoll Leute von seinem alten Arbeitgeber mitgenommen und verfolgt nun einen neuen Traum.

DAS GEFÜHL, EINEN ECHTEN, GLAUBWÜRDIGEN RAUM ZU ERKUNDEN, HAT VORRANG.

THE FULLBRIGHT COMPANY

„Bei der Entwicklung von Minerva's Den waren wir ein kleines Team, das sich eigenverantwortlich um alles kümmern musste. Und wir wollten diese Erfahrung, diese Entscheidungshoheit wieder haben und für alles selbst zuständig sein."

Gaynor wollte kreative Reichweite, die über einen einzelnen Level hinausreicht. Aber sein kleines Team kann kein großes Abenteuer stemmen. Wie kann man mit vier festen Mitarbeitern gegen die Maßstäbe etablierter Spielefirmen bestehen? Die Antwort in Gone Home lautet gezielte Reduktion. Es ist ein Spiel ohne Kampf, ohne äußeren Konflikt, ohne das, was in den Augen vieler Gamer ein Videospiel überhaupt ausmacht. Spieler betreten das verlassene Haus und können es erforschen. Zwar gibt es eine „narrative Kette", die Gaynor und sein Studio durch die alte Villa gelegt haben, aber das erklärte Ziel ist Zurückhaltung. Das Haus steht für sich, auch ohne Spiel. Der Grundriss soll ganz dem einer viktorianischen Villa entsprechen, die seit hundert Jahren von einer Familie bewohnt und erweitert wurde. Das Gefühl, einen echten, glaubwürdigen Raum zu erkunden, hat Vorrang. Und es macht eine besondere Faszination aus. Fantasiewelten wie die Unterwasserdystopie

RAPTURE aus den BIOSHOCK-Spielen können zwar in den Köpfen der Spieler zu echten Orten der Erinnerung werden. Doch so real wie diese Villa können sie sich nicht anfühlen. So erklärt sich auch die Epoche, in der die Erkundung spielt: die 90er-Jahre.

„Wir finden es interessant, eine Zeit zu simulieren, die von den meisten Spielern und auch uns selbst tatsächlich erlebt wurde. Indem wir eine historische Geschichte erzählen, die vor 15 oder 20 statt vor 50 oder 300 Jahren spielt, erhalten wir eine völlig andere Herausforderung. Was ruft genau diese Epoche wach, was sind ihre Erkennungszeichen?“

Spieler betreten eine Welt, an die sie sich erinnern, die es so wirklich gegeben hat. Nichts ist aus der Luft gegriffen. Zwar begeben sich die Entwickler damit auf dünnes Eis; jeder Anachronismus kann die Illusion zerstören. Aber gelingt die Nachbildung, dann kann GONE HOME aus dem Füllhorn unserer Erinnerung schöpfen statt alles neu erfinden zu müssen. Dazu gehört auch der Verzicht auf abgehobene Spielmechanismen, die in der Realität keine Rolle spielen. Man kann Gegenstände nehmen, drehen und wenden, Türen und Schubladen öffnen; nichts, was man nicht schon einmal getan hätte.

Ganz allein ist Gaynor nicht mit seinem Ansatz. GONE HOME gehört zu einem Trend, den er selbst mit vielen Beispielen belegt: First-Person-Spiele, die die Macht der Egoperspektive erkennen und nutzen, um neue Erlebnisse begreifbar zu machen. Was Spieler mit eigenen Augen sehen, verstehen sie viel schneller. Was wie ein Wanderpfad oder wie ein Heckenlabyrinth aussieht, das muss nicht mehr erklärt werden. Von PORTAL bis PROTEUS, von DEAR ESTHER bis THE WITNESS finden Entwickler neue Dinge, die man in der ersten Person tun kann: spazierengehen, Landschaften entdecken, Räume begreifen. So steht Gaynors Villa abgelegen, aber in guter Nachbarschaft. Wenn sie irgendwann im nächsten Jahr eröffnet, könnte es voll werden im Foyer.

JAN BOJARYN MAG INDUSTRIERUINEN UND LANGE SPAZIERGÄNGE.
SEINE ARTIKEL ÜBER VIDEOSPIELE VERLINKT ER AUF SEINER WEBSEITE *RYN.DE*.

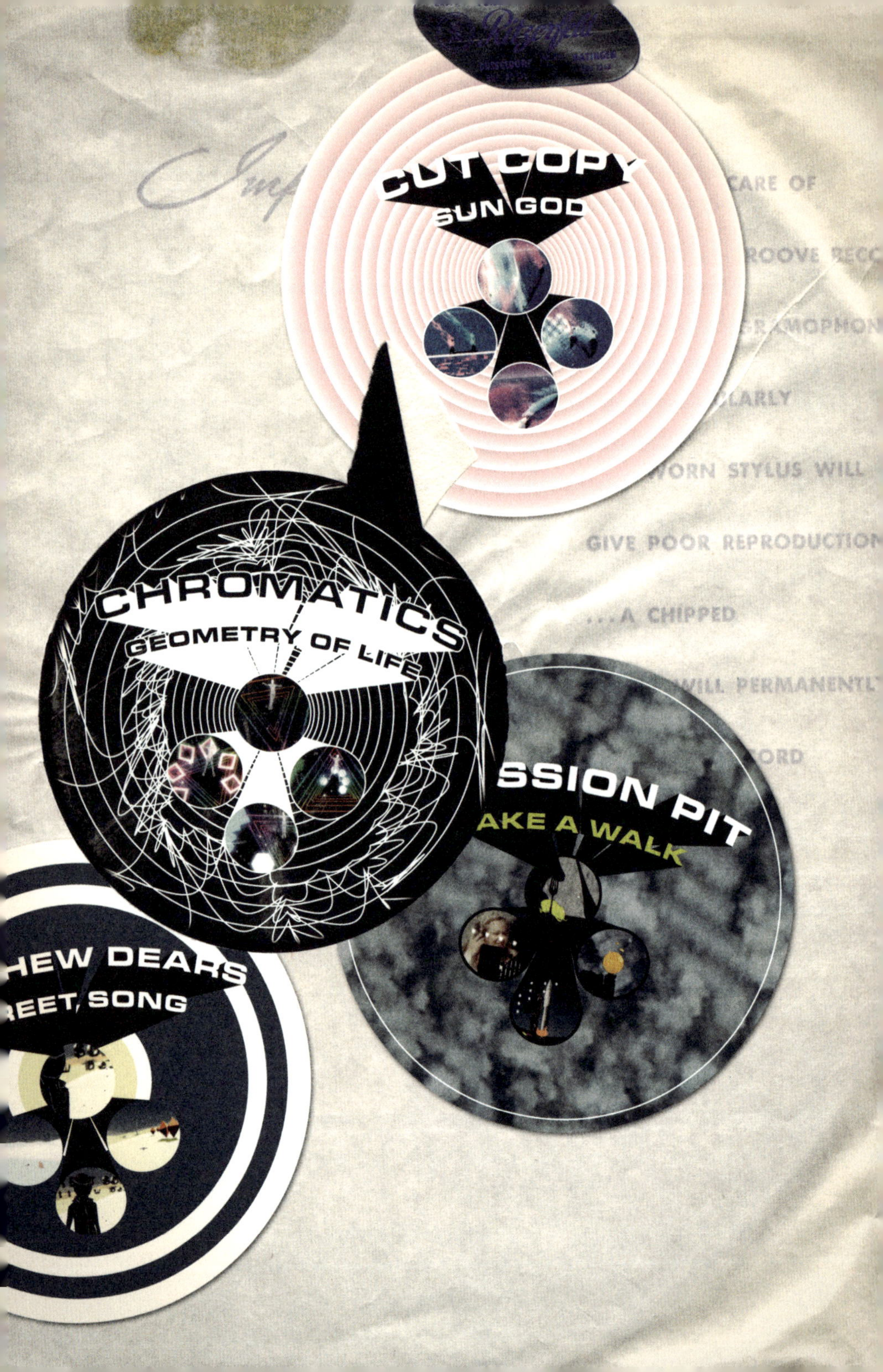

CUT COPY
SUN GOD
CHROMATICS
GEOMETRY OF LIFE
SSION PIT
AKE A WALK
HEW DEARS
REET, SONG
CARE OF
ROOVE RECO
RAMOPHON
CLARLY
WORN STYLUS WILL
GIVE POOR REPRODUCTION
...A CHIPPED
WILL PERMANENTLY
ORD

POP AND PLAY

SOUNDPLAY

von Valerie Trebeljahr

*Irgendwann wurde Pop erfunden.
Irgendwann später das Musikvideo. Eigentlich logisch,
dass seit kurzem Spiele Popstücke illustrieren –
sozusagen Musikgames: Nur Hören und Sehen reicht halt
nicht mehr in unserer interaktiven Zeit.*

Im Juni 2012 hat die Hipster-Plattform Pitchfork zusammen mit dem Games-Magazin KILL SCREEN SOUNDPLAY gelauncht. Dort gibt es derzeit fünf Spiele, bei denen sich die Programmierer zu Songs von den Chromatics, M83, Matthew Dear, Passion Pit und Cut Copy austoben durften. Teilweise geschieht die Umsetzung recht direkt, also etwa in TAKE A WALK von Passion Pit, wo man als Käfer einen Spaziergang unternimmt. Im besten Fall geht es um eine Weiterführung der Musik, also eine künstlerische Auseinandersetzung. Und das ist – für mich – natürlich die deutlich interessantere Variante.

Kurzer Einschub: Meine Games-Sozialisation hat angefangen – und zugegebenermaßen gleich wieder aufgehört – bei MISSION IMPOSSIBLE, FRIDAY THE 13TH und dem Adventuregame THE HOBBIT auf dem C64. Es reichte dann noch zu PAC-MAN und TETRIS auf dem Game-Boy. Jegliche Weiterentwicklung wie GRAND THEFT AUTO wurde mir nur zugetragen ... Vielleicht bekam ich als Musikerin doch lieber eckige Augen vom Musikprogramm als von der Playstation.

Insofern war ich aufs Erste etwas überrascht, dass fast allen SOUNDPLAY-Games gemein ist, dass sie ähnlich basic funktionieren wie meine C64-Spiele. Sprich: keine tollen Bilder, keine Überraschungen. Das mag größtenteils am Geld liegen (obwohl Sponsor Intel einiges hingeblättert haben muss, so oft, wie man auf ihn hingewiesen wird) oder an dem neuen Genre. Die Videoclips der 80er-Jahre mussten ja auch erst noch werden.

Die Frage ist: Wem soll das Ganze dienen? Sind wir so multitasking-süchtig, dass uns inzwischen langweilig wird, wenn wir uns ein Stück nur anhören sollen? Dann hätte Programmierer Ivan Safrin gute Arbeit geleistet, als er das Spiel GEOMETRY OF LOVE zum Song „Lady“ von den Chromatics umsetzte: Das Spiel hat etwas Tranceartiges, Meditatives. Hier schwebt man 70er-Jahre-spacemäßig durch den Raum und soll Sterne sammeln. Gerät man aus Versehen an so eine Art Leuchtdiamant, die immer schön im Rhythmus auftauchen, gibt das Punkteabzug. Passt gut zum Stück und beschäftigt die Finger, lässt den Kopf leer werden.

Relativ ähnlich funktioniert Bennett Foddys Spiel zu „Sun God“ von Cut Copy: Zwei aneinander gebundene Figuren – man kann das Spiel auch zu zweit bestreiten – sollen Funken einfangen. Es ist irgendwie undurchsichtig, wohin das Ganze führen soll, aber vielleicht ist das Game auch nur eine Ebene weiter als ich – schließlich ist Foddy, der selbst mal Mitglied von Cut Copy war, Philosoph an der Oxford University.

Eine lustige Idee, aber dem Song doch recht unzuträglich ist die Idee vom Studio Santa Ragione zu Matthew Dears „Street Song“. Weicht man den Hindernissen nicht schnell genug aus, verliert man sein Leben und wird an den Anfang des Songs zurückgeworfen. Klar, dass ich nicht sehr weit komme. Den Song höre ich mir dann auf Spotify zu Ende an.

Zurück in Richtung Videoclip gehen Pachinko Pictures mit „Take a Walk“ von Passion Pit. Im Hintergrund laufen alte Super-8-Aufnahmen von Raketen, Vulkanen und feiernden Mädchen. Das hat etwas Heimeliges. Davor der Käfer, der durch die Schattenwelt läuft und Lichter sammelt. Hat anscheinend was mit Evolution zu tun, denn der Käfer wird später Frosch und dann Huhn – falls der Song nicht vorher aufhört. Das Problem hier: Wiederholt man das

Spiel, um beispielsweise rauszufinden, ob man den Spielablauf irgendwie verändern kann, nervt die Musik ...

Wirklich überraschen und überzeugen konnte mich nur Jake Elliott mit seiner Interpretation von M83s „Intro". Interpretation ist der richtige Ausdruck, hat Elliott doch den Text in ein Adventuregame umgesetzt, in eine rätselhafte Geschichte eines einsamen Mädchens im Schnee auf der Suche nach seinen Eltern, das auf ein Mammut trifft. Man kann die Figur mittels Cursor durch eine schwarz-weiße 3D-Endzeit-Landschaft bewegen und so das Geschehen steuern. Die Musik setzt nur in den Zwischenparts ein, wenn die Geschichte erzählt wird – in dieser Zeit kann man auch nicht eingreifen. Das Ganze ist mysteriös-schön und romantisch-traurig und wirklich gut auf die Musik und Lyrics hin ausgearbeitet.

Schade ist natürlich, dass es nur eine Spielvariante gibt. Das mag an Geld- und Zeitmangel liegen oder aber auch an einem grundlegenderen Problem: Gäbe es mehr Varianten, müsste auch der Song verändert werden – das lineare Medium „Song" ist manchmal inkompatibel mit dem interaktiven Medium „digitales Spiel". Überhaupt: Um ein Spiel wirklich – auch im künstlerischen Sinn – interessant werden zu lassen, reichen wahrscheinlich keine fünf Minuten Song. Länger geht einem aber die Musik auf die Nerven: Jake Elliott arbeitet mit langen Musikpausen. Die Katze beißt sich also in den Schwanz.

Trotzdem weist Jake Elliott für mich die Richtung. Man kann Musiksongs in Games übersetzen, ja, sogar weiterführen und somit dem Song mehr Aussagekraft geben. Wie ein gutes Musikvideo. Ich schätze, dass die gebeutelte Musikindustrie bald darauf zurückgreifen wird. Wenn es Trailer zu Büchern gibt, warum dann nicht kleine Games, um auf ein Album einer neuen hippen Band aufmerksam zu machen? Das einzige Problem dürfte sein, dass es viel Geld kostet. Wert wäre es das allemal.

VALERIE TREBELJAHR IST SÄNGERIN DER BAND *LALI PUNA* UND ARBEITET ALS JOURNALISTIN BEIM *ZÜNDFUNK* AUF *BAYERN 2 RADIO*. IHRE SPEZIALITÄT WAR ES FRÜHER, COMPUTERSPIELE GAR NICHT SELBST ZU SPIELEN, SONDERN NACHMITTAGE NEBEN IHREN GESCHWISTERN ZU SITZEN UND ZUZUSCHAUEN.

SPIELWIESE

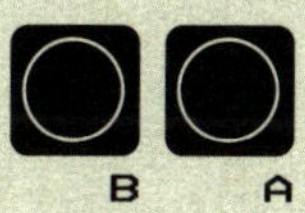

»

**** COMMODORE 64 BASIC V2 ****

64K RAM SYSTEM 38911 BASIC BYTES FREE

BASICS

BY SIMON QUERNHORST

DIESMAL KEIN TEXT UEBER GAMES, SONDERN EIN GAME. DAS WASD-GAME. PROGRAMMIERT VON SIMON QUERNHORST IN BASIC FUER COMMODORE 64 UND DAZUGEHOERIGE EMULATOREN. UND WER KEINE LUST ZUM TIPPEN HAT, FINDET DAS FILE AUCH AUF UNSERER HOMEPAGE.

READY? RUN■

```
0 REMEMBER: BEWEGEN: 'A' UND 'D'. NICHT
OBEN ODER UNTEN AUS DEM BILD FALLEN!!
1 DATA 60,,,126,,,255,,,255,,,255,,,255,
,,126,,,60
2 FORM=0TO21:READA:POKE832+M,A:NEXT:FORM
=22TO63:POKE832+M,0:NEXT:POKE2040,13
3 POKE53287,7:POKE53269,1:POKE53248,80:P
OKE53249,56:C=10:TI$="000000":L=50
10 POKE53280,.:POKE53281,12:B$="  ":PRIN
T"♥▄NQQQQQQQQQQQQQQQQQQQ  R ó♠♥━ "
44 V=PEEK(53249):H=PEEK(53248):GETJ$
45 IFJ$="D"ANDH<247THENPOKE53248,H+8
46 IFJ$="A"ANDV>24THENPOKE53248,H-8
47 IFV<48ORV>240THENPRINT"QQQ
   R|AME ┌VER!QQQQQQQQQQ":END
50 FORN=0TOL:NEXT
58 Z$="":C=C-1:IFC=0THENC=16:Z$=TI$:IFL>
0THENL=L-1
59 C$="":Z=RND(0)*10:FORA=0TOZ:C$=C$+B$:
NEXTA
60 PRINTC$"R"Z$:IFPEEK(53279)<>0THENPOKE
53249,V-8:GOTO44
66 POKE53249,V+8:GOTO44
```

```
0 REM            ***********
1 REM           *** WASD ***
2 REM           *** DEMO ***
3 REM           *** 2012 ***
4 REM            ***********
5 DIMC(12):FORA=0TO11:READB:C(A)=B:NEXT
6 S=54272:POKE657,128:POKE808,227:POKE53
281,.:POKE53280,.:POKE53272,21
10 POKE53265,11:PRINT"♥ R";:FORM=0TO41:P
RINT" ";:NEXT
11 PRINT"  R       R       R ";:FO
RM=0TO20:PRINT" ";:NEXT
12 PRINT"  R       R       R";:FORM
=0TO21:PRINT" ";:NEXT
13 PRINT"  R       R       R ";:FORM
=0TO22:PRINT" ";:NEXT
14 PRINT"  R       R       R";:FORM=0
TO23:PRINT" ";:NEXT
15 PRINT"  R   R     R     R ";:FORM
=0TO24:PRINT" ";:NEXT
16 PRINT"  R   R     R     R";:FORM=0
TO25:PRINT" ";:NEXT
17 PRINT"    R        R ";:FORM=0TO26
:PRINT" ";:NEXT
18 PRINT"    R        R";:FORM=0TO27:P
RINT" ";:NEXT
19 PRINT"  R       R ";:FORM=0TO28:P
RINT" ";:NEXT
20 PRINT"  R       R";:FORM=0TO29:PRI
NT" ";:NEXT
21 PRINT"  R          R
 R              ";
22 PRINT"  R             R
   R            ";
23 PRINT"   R       R      R
     R             ";
24 PRINT"    R     R     R
R       R             ";
25 PRINT"  R    R        R
R       R      ";
26 PRINT"  R    R       R
 R       R     ";
27 PRINT"    R         R     R
     R          ";
28 PRINT"    R    R       R
 R       R      ";
29 PRINT"  R      R        R
     R          ";
30 PRINT"  R     R       R
       R";:FORM=0TO96:PRINT" ";:NEXT
31 PRINT"TEXTE UBER GAMES";:POKE1922,162
:FORM=0TO50:PRINT" ";:NEXT:POKE2023,160
32 POKE56295,.:POKE53265,27
90 FORM=0TO11:POKE53281,C(M)
91 GETA$:IFA$=" "THENSYS64738
92 IFM<>4THEN95
93 FORY=0TO24:POKES+Y,0:NEXTY:POKES+24,1
5:POKES+4,17:POKES+5,15
94 FORX=50TO0STEP-2:POKES+1,X+M:NEXT
95 FORN=0TO40:NEXTN
97 NEXTM:GOTO90
99 DATA 0,11,12,15,1,1,1,15,12,11,0,0
```

DEMO

SUPER MARIONETTE

von Andreas Garbe

Mit meiner linken Hand drücke ich eine Zigarette aus, mit der rechten steuere ich meinen feuerroten Infernus die Calcium Street runter. Dabei ist es eigentlich gar nicht meiner. In Liberty City werden Autos geklaut wie in Amsterdam Fahrräder. Die Exekutive hier ist ein Witz. Du hängst die Bullen ab, dann fährst du um ein paar Ecken oder gehst einfach nach Hause schlafen und schon streichen sie dich wieder von der Fahndungsliste. So einfach ist das. Deshalb macht das hier auch jeder. Seit ich vor zig Jahren hierher gezogen bin, habe ich kein einziges Auto gekauft.

Ich schalte das Radio an, der Vorbesitzer hat anscheinend Vice City FM gehört. Die 80er-Jahre-Band Re-Flex dröhnt mir aus den Lautsprechern entgegen. „The politics of dancing", singt Frontmann John Baxter, „the politics of – oooh – feeling good." Ich muss grinsen. Über die Politics of Gaming singt niemand. Kein Wunder. Liberty City ist korrupt bis auf die Grundmauern. Die Bevölkerung hat nicht nur die unerklärliche Vergesslichkeit der Polizei satt. Die Politiker waren bisher alle von der Mafia geschmiert. Bei meinen ersten Wahlen hier habe ich Shilton in den Kongress und Ochoa in die Civic Citadel

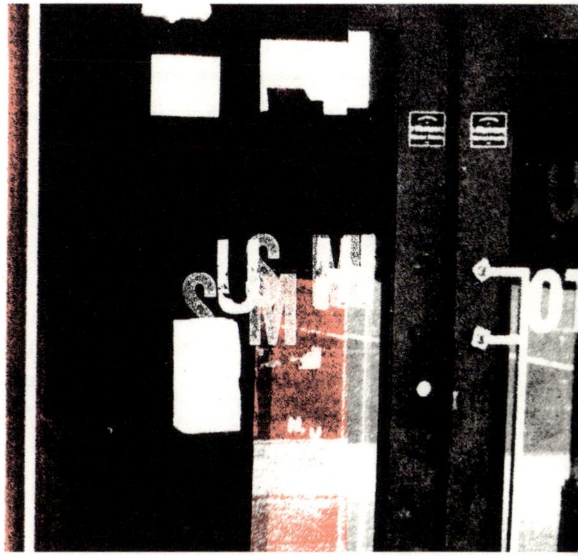

gewählt, weil mir die Kriminalität bis hier stand. Sie wollten Glücksspiel und Waffenverkäufe einschränken. Passiert ist wenig. Aber immerhin dürfen wir hier überhaupt noch wählen.

Mein dunkelblauer Hellenbach GT gleitet über den Wong Way und ich erinnere mich an alte Zeiten. Ich habe nämlich schon an schlimmeren Orten gelebt. In den Neunzigern war ich mal persönlicher Referent eines Mushroom Retainers im Pilz-Königreich, ein Berater des Königshauses. Jeder denkt ja, dass Prinzessin Peach das Land regiert. Das wird nach außen hin auch immer so behauptet, ist aber komplett gelogen. Seit wann regiert eine Prinzessin? In Wirklichkeit zieht natürlich ihr alter, verbitterter Vater, König Toadstool, im Hintergrund die Fäden. Der ist ein faschistoider Diktator, wie er im Buche steht. Seit Jahrzehnten tobt ein Bürgerkrieg im Königreich. Rebellen der Koopa-Truppe aus Dunkelland dringen immer wieder bis nach Toad Town ein, liefern sich Gefechte mit königstreuen Milizen und richten schwere Verwüstungen an. Dazu gibt es Widerstandskämpfer im Land, die aus der totalitären Monarchie eine demokratische Republik machen wollen. Entführungen und Morde in aller Öffentlichkeit sind an der Tagesordnung. Und König Toadstool schlägt mit eiserner Faust zurück.

Seit ich denken kann, herrschen dort Ausnahmezustand und Kriegsrecht. Es gibt geheime Gefängnisse, in denen Gumbas ohne Prozess einfach weggesperrt werden. Und die haben noch Glück. Meist werden unerwünschte Elemente mitten auf der Straße beseitigt, indem man ihnen mit voller Wucht auf den Kopf springt. Ihre Leichen bleiben einfach liegen. Bei der königlichen Straßenreinigung hält es kein Mitarbeiter länger als drei Monate aus und die meisten gehen danach direkt ins Sanatorium. Auf eigene Kosten, versteht sich. Denn ein Gesundheitssystem gibt es nicht. Der König schmeißt das Geld aus der Staatskasse ja auch mit beiden Händen zum Fenster raus. Es liegt buchstäblich auf der Straße, nur um ein paar Söldner anzulocken, die es aufsammeln und dann die Rebellen zurückdrängen, wo sie nun schon mal da sind. Und wer zahlt den Spaß? Natürlich die Bürger. Selbst Tropico hat niedrigere Steuersätze als das Pilz-Königreich.

Nach außen hin muss jeder so tun, als wäre er vollkommen glücklich und zufrieden. Jeder muss niedlich aussehen, darf nur niedlich reden. Doch hinter dieser Fassade verbirgt sich ein Land wie Nordkorea: Personenkult, Militärstaat, Hungersnot. Oh ja, Hungersnot. Denn anstatt Getreide anzupflanzen, züchten die meisten Landwirte halluzinogene Pilze, die dort vollkommen legal sind und für die das Königshaus Höchstpreise zahlt. Die Bauern verdienen sich damit eine goldene Nase und können es sich dann leisten,

Lebensmittel für sich selbst für viel Geld aus dem benachbarten Bohnenland zu importieren. Die normale Bevölkerung aber hungert. Währenddessen sitzt die feine Prinzessin Peach in ihrem Elfenbeinturm und backt Kuchen. Wahlen gibt es natürlich keine. Schließlich gibt es auch kein Parlament. Und die Administrative hat nichts zu sagen. Mein damaliger Chef, der Mushroom Retainer, war nur eine Marionette. Eine Super Marionette. Wir alle waren das. Drei Jahre habe ich es da ausgehalten, dann habe ich einen Ausreiseantrag gestellt.

Mein türkisgrüner Cognoscenti ruckelt, als ich auf die Hickey Bridge fahre und im Süden die Freudenstatue auftauchen sehe. Ein junger Mann rennt mir fast vors Auto, springt über das Geländer, reißt einer alten Dame die Handtasche weg und schlägt ihr mit voller Kraft ins Gesicht. Sie fällt auf den Asphalt. Der Mann rennt weg und entkommt. Das ist eben Liberty City. In Liberty City regiert eben einfach die Kriminalität. Die Politik sollte wirklich etwas dagegen tun. Aber auch ich trage meinen Teil dazu bei, dass diese Welt eine bessere wird. Ich unterstütze seit einigen Wochen den Wahlkampf des Kongressabgeordneten Thomas Stubbs III. Er wird den Laden hier endlich aufräumen.

Ich biege rechts ab und fahre auf das Gelände des Francis International Airport. Durch eine Sicherheitsschranke fahre ich direkt auf den Runway. In dem Helikopter, der sich langsam dem Landeplatz vor mir nähert, sitzt Arthur Stubbs, der Onkel des Politikers. Den soll ich treffen, um Thomas im Wahlkampf zu helfen. Während sich der Helikopter nähert, steige ich aus und öffne den Kofferraum. Ich schultere einen Raketenwerfer, ziele kurz und treffe. Der Helikopter explodiert in einem riesigen Feuerball und stürzt vor mir auf die Landebahn. Thomas wird nun Millionen erben, seine Wiederwahl ist damit so gut wie sicher. Und einen aktuellen Anlass, mit allen Mitteln gegen das organisierte Verebrechen vorzugehen, hat er nun auch. Sirenen heulen auf. Jetzt muss ich erst einmal um ein paar Ecken fahren, damit ich wieder von der Fahndungsliste gestrichen werde. „The politics of gaming", singe ich leise vor mich hin. „The politics of – oooh – feeling good."

ANDREAS GARBE IST GAMER, SEIT ER DENKEN KANN, UND SEIT RUND DREIZEHN JAHREN FERNSEHREDAKTEUR UND EXPERTE FÜR COMPUTER- UND VIDEOSPIELE. ZULETZT HAT ER DIE SENDUNG *FTW – FOR THE WIN* FÜR *ZDFKULTUR* KONZIPIERT UND BETREUT.